처음부터 배우는 차별화 법칙

처음부터 배우는
차별화 법칙

백미르 지음

다온길

프롤로그

기억되는 사람이 되고 싶었다

처음 '차별화'라는 단어를 진지하게 떠올린 건, 주변에 나보다 훨씬 더 잘하는 사람들이 넘쳐나는 걸 느꼈을 때였다. 실력도 좋고, 스펙도 좋고, 말도 잘하는 사람들 틈에서 나는 무엇으로 기억될 수 있을까? 그 물음은 오래 남았다.

한때 나도 남들과 비슷하게 보이기 위해 애쓴 적이 있다. 유행하는 말투를 흉내 내고, 누군가 성공한 방식대로 따라 해봤지만, 돌아오는 결과는 미미했다. 그러다 우연히 들른 작은 독립서점에서 모든 것이 달라졌다. 그곳은 입구부터 향이 다르고, 책장 배열도 전형적이지 않았으며, 점주의 손글씨 메모가 곳곳에 붙어 있었다. "당신의 속도대로 읽는 책이에요"라는 메모 하나가 유독 마음에 박혔다. 그 공간은 거창하지 않았지만, 오래도록 기억에 남았다.

그때 깨달았다. 차별화란 억지로 특별해지는 게 아니라, 나만이 줄 수 있는 감각을 정직하게 드러내는 것이라는 걸. 그리고 그걸 '의식적으로 설계'할 수 있어야 한다는 걸 말이다.

이 책은 나처럼 처음 차별화를 고민하는 사람들을 위한 책이다. 어떻게 하면 '그냥 그런 사람'에서 '한 번 더 생각나게 만드는 사람'으로 바뀔 수 있을까. 어떤 제품, 어떤 글, 어떤 말이 누군가의 머릿속에 오래 남을까. 스타벅스가 커피를 팔면서 '공간의 경험'을 팔았던 이유, 어떤 브랜드가 복잡한 설명 없이 '단순함' 하나만으로 시장을 뒤흔들 수 있었던 배경도 그 안에 있다.

이 책의 여정은 거창하지 않다. 오히려 아주 작고 사소한 질문들로 시작된다. "나는 왜 이걸 하고 있는가?", "내가 진짜 전하고 싶은 건 무엇인가?", "사람들이 나를 떠올릴 때 어떤 단어가 먼저 떠오를까?" 그 질문들에 천천히 답해 나가다 보면, 결국 당신만의 차별화가 만들어질 것이다.

나도 그렇게 시작했다. 이제, 당신의 차례다.

백미르

차 례 ────────────────────────────────

3장

차별화의 5가지 기본 원칙

〈처음부터 배우는〉 시리즈

"처음부터 배우는" 시리즈는 특정 주제에 대해 막연한 두려움을 가진 초보자와 일반 독자들이 쉽고 명확하게 이해할 수 있도록 기획되었습니다. 처음 접하는 사람들에게 복잡하고 어려운 내용을 친숙하고 간단한 방식으로 풀어내어 학습에 대한 부담을 덜어주고자 했습니다. 이 시리즈는 누구나 쉽게 시작할 수 있도록 구성되었으며, 실생활에서 바로 활용할 수 있는 실용적인 지식과 팁을 제공하여 독자들이 자신감을 가질 수 있도록 돕습니다.

또한, "처음부터 배우는" 시리즈는 초보자들이 핵심 개념을 반복적으로 접하고 이해를 깊이 할 수 있도록 중복된 내용을 일부 포함하고 있습니다. 이는 같은 개념을 여러 번 강조하여 독자들이 중요한 포인트를 놓치지 않고, 핵심적인 내용을 확실히 숙지하도록 돕기 위한 의도입니다.

부제인 "일 잘하는 사람들의 비밀 노트"는 각 분야의 성공적인 사람들이 지식을 활용하고 문제를 해결해 나가는 방식을 비밀 노트처럼 쉽게 설명하고자 하는 의도를 담고 있습니다.

1장

차별화는 왜 필요한가?

01

경쟁은 왜 점점 더 치열해지는가?

시장은 점점 넓어지고 있다. 인터넷과 디지털 기술의 발전은 세계를 하나로 연결했고, 누구나 제품을 만들고, 콘텐츠를 생산하고, 브랜드를 세울 수 있는 환경이 열렸다. 과거에는 자본과 설비, 인맥과 유통망이 있어야 시장에 진입할 수 있었지만, 지금은 노트북 하나만 있어도 사업을 시작할 수 있고, 스마트폰 하나로도 자신을 알릴 수 있다. 그러나 시장이 열렸다는 건 곧 경쟁자가 기하급수적으로 늘어났다는 뜻이기도 하다. 모두가 자유롭게 도전할 수 있는 시대지만, 그렇기에 오히려 선택받기 더 어려운 시대가 된 것이다.

진입장벽이 낮아진 만큼, 차이는 사라졌다

누구나 쉽게 시작할 수 있다는 건 장점이기도 하지만, 동시에 '평범함'이 넘쳐나는 환경이 되었다는 뜻이다. 예전에는 블로그나 책을 쓴다는 것 자체가 희소한 일이었지만, 지금은 수많은 사람이 비슷한 포맷과 내용으로 콘텐츠를 만들어낸다. 디자인 툴은 무료이고, 온라인 강의 플랫폼도 넘쳐난다. 셀프 출판이 가능해지고, 전자상거래 시스템은 클릭 몇 번이면 구축된다. 그런데 이렇게 쉬워진 환경 속에서 '그저 하는 것'만으로는 주목받을 수 없다. 모두가 쉽게 할 수 있는 시대이기에, 오히려 그 안에서 '무엇이 다른가'를 보여주는 것이 점점 더 중요해지고 있다.

고객의 선택 기준은 점점 더 까다로워진다

소비자는 훨씬 더 많은 선택지를 갖게 되었고, 덕분에 더 민감하고 까다로워졌다. 하나의 키워드만 검색해도 유사한 제품이나 콘텐츠가 수십, 수백 개 등장하고, 어떤 카페에 갈지, 어떤 책을 읽을지, 어떤 사람을 팔로우할지를 고를 때 우리는 아주 미세한 차이에 반응한다. 예를 들어, 커피 맛이 비슷하다면 분위기나 직원의 말투, 매장의 색감 같은 감각적 요소가 선택의 기준이 된다. 결국 소비자에게는 '더 낫다'보다 '더 다르다'가 기억에 남고, 기억되는 것이 선택으로 이어진다. 경쟁이 치열하다는 건 제품의 품질만으로는 승부를 보기 어렵다는 말과 같다.

소규모 브랜드와 개인 창작자도 생존 전략이 필요하다

대기업이나 유명 브랜드만 살아남는 시대는 지났다. 오히려 지금은 작고 유연한 개인이나 팀이 더 빠르게 반응하고, 더 선명한 정체성을 보여줄 수 있는 시대다. 하지만 이 역시 '다르게 보여야 한다'는 전제 조건이 붙는다. 같은 지역에 두 개의 독립서점이 있을 때, 하나는 베스트셀러 중심으로 구성하고, 다른 하나는 에세이나 철학책 등 한 가지 분야에 집중해 전문성을 띤다면, 후자의 방식이 오히려 더 기억되고 재방문으로 이어질 가능성이 높다. 크고 유명하다는 건 믿음을 줄 수 있지만, 작고 명확하다는 건 호기심을 자극한다. 그 호기심이 '선택'으로 이어지는 것이다.

모두가 경쟁하고 있다, 자각하지 못할 뿐이다

경쟁은 사업자나 기업만의 이야기가 아니다. 우리는 누구나 경쟁 속에 살고 있다. 같은 업무를 처리하는 동료들 사이에서도, 비슷한 글을 쓰는 작가들 사이에서도, 마케팅을 하지 않더라도 '무언가와 비교되고 선택되는' 구조 속에 있다. 회의 시간에 발표한 아이디어, 포트폴리오에 담긴 프로젝트, 일상 속 SNS 글 한 줄까지 모두 경쟁의 대상이 될 수 있다. 그런데 문제는 대부분의 사람이 이 경쟁을 인식하지 못한다는 것이다. 나는 그냥 나답게, 내 식대로 하고 있을 뿐인데, 현실은 선택받지 못하는 경우가 많다. 이유는 단순하다. 나의 강점이 '보이지 않았기 때문'이다. 차별화는 능력이 아닌, 시선과 구조의 문제다. 같은 실력을 가진 두 사람이라도, 누구의 차이가 더 명확하게 드러나는지에 따라 결과는 완전히 달라진다.

작은 차이가 결국 기회를 만든다

경쟁이 심해질수록 사람들은 '큰 것'을 찾는 경향이 있다. 압도적인 성과, 눈에 띄는 외형, 화려한 성격 같은 것들. 하지만 현실에서 차이를 만드는 건 오히려 '작고 진심 어린 디테일'인 경우가 많다. 예를 들어, 어떤 제품은 박스를 열었을 때 담백한 메시지 카드 한 장으로 감동을 주기도 한다. 어떤 유튜버는 말투나 리듬 하나로 구별되고, 어떤 매장은 첫인사와 눈빛 하나로 기억된다. 경쟁이 치열하다는 것은 모두가 다 비슷해지고 있다는 의미이기도 하다. 그 안에서 진심을 담은 미세한 차별성은 훨씬 더 강하게 인식된다. 결국 선택받는 브랜드나 사람은 그 차이를 '설계'한 이들이다.

기억되는 디테일은 의도된 감각에서 나온다

많은 이들이 차별화는 재능이나 독창적인 아이디어에서 비롯된다고 생각하지만, 실상은 그렇지 않다. 고객이 기억하는 차별성은 대부분 '의도된 디테일'에서 나온다. 감정이 머무는 카피 한 줄, 포장지의 질감, 주문 확인 문자에 담긴 따뜻한 말투 같은 것들. 이들은 대단한 창의성이 아닌, 고객의 경험을 사전에 상상하고 반복적으로 다듬는 '감각의 훈련'에서 탄생한다. 그러니 누군가는 그저 지나치는 디테일을 누군가는 브랜드의 핵심 언어로 만든다. 결국 차별화란 새로운 것을 만드는 것이 아니라, 이미 존재하는 것에 '자신만의 시선'을 부여하는 작업이다. 그 시선이 곧 브랜드의 감도를 결정하고, 소비자의 마음에 자리 잡게 만든다.

경쟁이 치열해진다는 건 기회가 사라진다는 뜻이 아니다

오히려 지금은 누구에게나 '보일 수 있는 기회'가 주어진 시대다. 그러나 그 기회를 자신만의 방식으로 표현하지 않으면, 존재조차 인식되지 않을 수 있다. 차별화는 생존을 위한 조건이자, 선택을 위한 전략이다. 같은 자원을 가지고도 어떤 사람은 기회를 만들어내고, 어떤 사람은 사라진다. 그 차이는 어디에서 오는가? 바로 자신을 '어떻게 다르게 보여줄 수 있는가'의 문제다. 노력은 기본이고, 차별화는 전략이며, 지금 경쟁이 치열해지는 이유는 우리가 모두 같은 자리에 서 있기 때문이다. 여기서 벗어나고 싶다면, 이제는 다르게 보여야 할 때다.

02

차별화의 본질은 "같은 듯 다른 것"

비슷한 것들 사이에서 '조금 다른 무언가'를 찾는 일이 점점 더 중요해지고 있다. 어떤 상품을 살지, 어떤 글을 읽을지, 어떤 사람의 의견에 귀를 기울일지를 결정할 때 사람들은 완전히 새로운 것보다는 '익숙한데 뭔가 다른 것'을 선택한다. 너무 낯선 것은 경계하게 되고, 너무 흔한 것은 쉽게 잊힌다. 그래서 차별화의 본질은 단순히 특별해지는 것이 아니라, 익숙함 속에 감춰진 다름을 만드는 데 있다. 같은 범주 안에서 조금 다르게, 같은 흐름 속에서 한 끗 다르게 보이는 것, 그것이야말로 선택을 이끄는 차별화다.

완전히 새로운 것보다, 조금 다른 것이 선택된다

우리는 종종 차별화를 '완전히 남들과 다른 것'으로 생각하지만, 현실에서는 그렇지 않다. 너무 다른 것은 오히려 낯설고 불편하게 느껴지기도 한다. 사람들이 찾는 건 기존의 틀 안에서 조금 더 나은 무언가, 또는 조금 더 자기 취향에 맞는 변형이다. 예를 들어, 샌드위치 브랜드 '써브웨이'는 '빵에 재료를 넣는다'는 기본 구조에서는 기존과 다르지 않다. 하지만 고객이 직접 재료를 선택하고 조합하는 방식은 기존의 패스트푸드 시스템과는 다르다. 이 작은 차이 하나가 '나만의 메뉴를 만든다'는 인식을 주며 브랜드의 인상을 결정지었다. 고객은 완전히 새로운 음식이 아니라, 자신에게 맞춰진 익숙한 음식을 원한 것이다.

차별화는 공통된 카테고리 안에서 작동한다

모든 차별화는 '같은 범주에 속한다'는 전제를 갖고 있다. 브랜드, 제품, 콘텐츠, 서비스는 비교 대상이 있어야 그 차이가 드러나고, 선택의 이유가 생긴다. 예를 들어, 수많은 자기계발서가 있지만, 어떤 책은 '짧고 명확한 말투'로, 어떤 책은 '진짜 경험을 바탕으로 한 조언'으로, 또 다른 책은 '일러스트와 함께 구성된 감성적인 느낌'으로 차별화된다. 핵심은 독자가 그 책을 기존 자기계발서의 연장선으로 인식하면서도, 그 안에서 '다른 무언가'를 발견하는 것이다. 같은 선에 있으면서도 조금 달라야 눈에 들어온다. 이것이 차별화가 경쟁 안에서 발휘되는 방식이다.

기존의 틀을 따르되, 한 걸음만 비틀어라

차별화의 핵심은 익숙한 것을 낯설게 만드는 감각이다. 전혀 다른 형태를 만들기보다, 기존의 틀 안에서 아주 작게 비틀어 주는 것만으로도 충분하다. 예를 들어, 의자라는 제품은 모두가 이미 알고 있는 기능과 형태를 가진다. 하지만 '무인양품'의 의자는 극도로 미니멀한 디자인, 차분한 색감, 군더더기 없는 형태로 차별화된다. 사용 목적은 같지만 감각은 다르다. 반대로 '허먼 밀러'는 인체공학이라는 기술적 접근으로 사무용 의자를 혁신했다. 두 브랜드 모두 전통적인 '의자'라는 공통분모를 지닌 채, 한쪽은 '감성의 차이', 다른 쪽은 '기술의 차이'로 차별화에 성공했다. 기존의 정의를 무너뜨리는 게 아니라, 그 안에서 각자의 해석을 덧붙인 것이다.

차별화는 타인을 배제하지 않고, 취향을 불러온다

잘된 차별화는 누구나 이해할 수 있는 범위 안에 있으면서도, 특정한 사람에게 강하게 호소한다. '누구나 좋아할 만한 것'을 만들려는 시도는 보통 무색무취가 되기 쉽다. 반면, 차별화된 브랜드는 모든 사람에게 어필하지는 않지만, '내가 찾던 바로 그 느낌'을 주는 사람에게 깊이 파고든다. 예를 들어, 핸드메이드 향초 브랜드 중 어떤 곳은 제품명 대신 '당신의 밤을 위한 불빛' 같은 감성 문구를 사용하고, 향도 숫자나 코드가 아닌 감정이나 기억의 이름을 붙인다. 같은 향초지만, 감정의 이름을 붙인 방식은 소비자에게 "이건 내 이야기다"라는 인식을 주고, 자연스럽게 브랜드에 몰입하게 만든다. 이런 방식은 특정 고객의 취향을 공략하면서도, 과하게 배타적이지 않아 확장성도 갖는다.

'한 끗 차이'가 아닌 '딱 한 끗 차이'를 설계하라

차별화는 때로 사람들에게 "그게 뭐가 달라?"라는 질문을 유도한다. 그 질문에 명확하게 답할 수 있어야 진짜 차별화다. "딱 하나 다른 점이 있다면…"이라는 말로 설명이 가능해야 하고, 그 한 끗이 이야기나 경험, 메시지로 이어져야 한다. 브랜드를 설계하거나 콘텐츠를 만들 때, 그 '한 끗'이 무엇인지 먼저 정리하는 작업이 필요하다. 예를 들어, 같은 동네의 두 제과점이 있다면, 하나는 '전통 레시피를 고수한 깊은 맛'이고, 다른 하나는 '채식 기반으로 만든 건강한 빵'이라는 식으로 서로 다른 가치를 제공해야 한다. 고객은 그 '다른 점' 때문에 발걸음을 옮긴다. 평범함 속에 감춰진 비범함이 설득력을 갖는 이유는 그게 구체적으로 정의되기 때문이다.

차별화는 정체성과 연결되어야 지속된다

단기적으로 눈에 띄는 차별화는 유행처럼 사라지기 쉽다. 오래 기억되는 차별화는 브랜드나 사람의 정체성과 연결되어야 한다. 즉, 겉모습만 다른 것이 아니라, 말투, 분위기, 서비스 방식, 시각적 표현 등 모든 요소에서 일관되게 같은 다름을 유지해야 한다. 어떤 사람은 '말을 천천히, 깊이 있게 하는 것'으로 기억되고, 어떤 브랜드는 '언제나 감성적인 비주얼'로 각인된다. 이처럼 차별화는 단 한 번의 표현이 아니라, '반복되는 방식'으로 정착되어야 한다. 그래야 브랜드는 흔들리지 않고, 고객의 기억 속에서도 하나의 이미지로 남는다. 차별화는 정체성과 만나야 비로소 생명력을 가진다.

'같은 듯 다른 것'을 만드는 훈련은 누구나 시작할 수 있다

결국 차별화는 능력이나 창의력의 문제가 아니다. 익숙한 것을 관찰하고, 그 안에서 작게 변형할 수 있는 감각을 기르는 일이 중요하다. 글쓰기라면 문장의 구조, 말투, 시작 방식이 될 수 있고, 디자인이라면 색상 선택, 여백 처리, 글꼴의 톤이 될 수 있다. 서비스라면 고객을 대하는 방식, 사용하는 언어, 제공하는 분위기 모두가 다름의 요소가 된다. 지금 내가 하고 있는 일이 무엇이든, 그 속에서 '같지만 다른 방식'을 발견해보는 것, 그것이 차별화의 첫걸음이다.

차별화 없는 브랜드, 금세 잊힌다

우리의 머릿속은 생각보다 좁다. 하루에도 수십, 수백 개의 브랜드, 콘텐츠, 메시지가 우리 눈앞을 지나간다. 지하철 안 광고, 스마트폰 알림, 유튜브 썸네일, 인터넷 배너, 거리의 간판까지. 우리는 이 모든 것을 '보는 것' 같지만, 실제로는 대부분을 잊고 지나간다. 그 이유는 간단하다. 우리에게 강렬한 인상을 주지 못했기 때문이다. 다시 말해, 차별화되지 않은 정보는 기억되지 않으며, 기억되지 않으면 선택도, 구매도, 반응도 일어나지 않는다. 그래서 브랜드가 존재감을 갖기 위해 가장 먼저 해야 할 일은, '다른 것들과 섞이지 않는 것'이다. 차별화가 없다는 것은 곧, 금세 잊힌다는 의미와 같다.

모두가 잘하지만, 아무도 기억에 남지 않는다

현대 사회에서 제품이나 서비스의 품질은 기본이다. 음식이 맛있고, 디자인이 깔끔하며, 가격이 적당한 것은 이제 당연한 조건이 되었다. 하지만 이런 요소만으로 브랜드를 기억하는 사람은 드물다. 카페를 예로 들어보자. 인테리어가 예쁘고 커피 맛이 괜찮은 곳은 수없이 많다. 그중에 어떤 가게를 떠올릴까? 대부분은 그곳만의 특별한 메뉴, 독특한 음악, 혹은 사장의 인상적인 말투 같은 작지만 강렬한 요소를 가진 곳이다. 즉, 퀄리티는 평준화되었고, 기억은 차별화된 요소에 의해 결정된다. 모두가 비슷하게 잘하는 시대에서는, '다르게 존재하는 법'을 아는 브랜드만이 살아남는다.

경쟁에서 이기기보다, 잊히지 않는 것이 먼저다

많은 브랜드가 "경쟁에서 이겨야 한다"는 생각에 집중하지만, 그 이전에 더 중요한 것은 "기억 속에 남아야 한다"는 사실이다. 소비자의 머릿속에 자리 잡지 못하면, 비교조차 되지 않는다. 예를 들어, 핸드크림을 고르기 위해 마트나 온라인몰에 들어갔다고 해보자. 수십 가지 브랜드가 존재하는 그 순간, 우리가 클릭하거나 집어 드는 제품은 이전에 한 번이라도 기억에 남았던 제품일 가능성이 높다. 이름이 익숙하거나, 광고 문구가 인상 깊었거나, 디자인이 특별했던 제품이다. 이처럼 선택은 인지된 대상 안에서만 일어난다. 아무리 좋은 제품이라도, 인지되지 않으면 존재하지 않는 것과 같다. 브랜드가 시장에서 지속되기 위해서는 '차별화된 흔적'을 남겨야 한다.

작은 브랜드일수록, 더 분명하게 보여야 한다

대형 브랜드는 광고, 유통, 기존 고객층이라는 든든한 인지 기반을 가지고 있기 때문에, 약간의 변화나 실수에도 쉽게 무너지지 않는다. 하지만 작은 브랜드, 신생 브랜드는 그렇지 않다. 초기 고객의 인식에 따라 브랜드 이미지가 거의 결정되기 때문에, 처음부터 명확한 차별화를 하지 않으면 수많은 유사 브랜드 사이에 묻히고 만다. 예를 들어, 독립 출판을 하는 작가들이 수없이 많지만, 그중 어떤 작가는 책 표지부터, 제목, 판형, 목차 구성까지 기존 형식과 완전히 다르게 설계한다. 독자가 서점에서 그 책을 발견했을 때, 익숙한 문법이 아닌 '이상한데 끌리는 포맷' 때문에 멈춰 서게 되고, 그 기억이 남는다. 차별화란 규모가 클수록 전략이고, 작을수록 생존이다.

차별화 없는 브랜드는 메시지가 흐려진다

차별화되지 않은 브랜드는 전달하고자 하는 메시지가 명확하지 않다. 이것은 비단 외형의 문제만이 아니라, 브랜드의 정체성과 연결된다. 똑같은 단어를 쓰고, 똑같은 톤으로 말하고, 똑같은 감성을 흉내 낼 때, 소비자는 그 브랜드가 어떤 존재인지 감을 잡지 못한다. 예를 들어, 인스타그램에서 활동하는 에세이 작가 A는 '모두가 쓰는 감성 글'이 아닌, 짧고 날카로운 단문과 흑백 사진으로 구성된 콘텐츠를 꾸준히 올린다. 독자들은 "이건 A의 글이구나"라고 바로 알아차린다. 같은 플랫폼, 같은 주제를 다루더라도, 브랜드 메시지가 선명한 사람은 금방 기억에 남는다. 메시지가 흐릿하면 브랜드도 흐려지고, 결국 잊힌다.

사람은 다르기 때문에 브랜드도 달라야 한다

많은 브랜드가 "잘 팔리는 방식"을 따라 하다 보면 점점 비슷해진다. 하지만 사람마다 얼굴, 말투, 취향, 사고방식이 다르듯, 브랜드도 각자 다른 표현 방식이 있어야 한다. 차별화가 없는 브랜드는 타인의 스타일을 그대로 가져온 것과 다름없다. 예를 들어, 소셜 미디어 콘텐츠를 제작하는 크리에이터 B는 '기획자처럼 콘텐츠를 설계한다'는 점에서 차별화되었다. 그는 자기 콘텐츠를 글감으로 생각하지 않고, '하나의 구조화된 사고 흐름'으로 설계한다. 보는 사람은 단순한 글이 아니라 '논리적인 사고의 전개'를 경험하게 되며, 이 독특한 방식 덕분에 B는 수많은 크리에이터들 사이에서 독자적 위치를 갖게 되었다. 중요한 건 무언가 잘하는 게 아니라, 나만의 방식으로 보여주는 것이다.

'잘하는 것'과 '기억되는 것'은 다르다

어떤 브랜드는 제품의 품질이나 서비스 만족도에서는 우수하지만, 브랜드 자체는 떠오르지 않는다. 반대로 품질은 아주 특별하지 않아도 브랜드 이름은 강하게 각인되는 경우도 있다. 여기서 중요한 건, 브랜드를 통해 떠오르는 '첫 이미지'가 무엇인지다. 고객이 떠올리는 이미지는 브랜드의 색깔이며, 그 색깔이 없다면 존재도 흐려진다. 예를 들어, 전자책 리더기를 판매하는 한 중소기업은 단순한 기능 설명 대신 '책장을 넘기는 감각까지 살렸다'는 감성적인 카피를 중심으로 마케팅을 했다. 이 전략은 '전자기기'라는 범주에서 빠져나와 '독서의 감각'을 전하는 브랜드로 기억되게 했다. 이런 방식은 소비자의 뇌리에 브랜드를 남기는 데 효과적이다.

브랜드의 차별화는 곧 생존율이다

단기적인 매출이나 반짝 인기로는 오래 살아남을 수 없다. 사람들이 기억하고 다시 찾고, 다른 사람에게 추천하는 브랜드가 되려면 차별화된 인상이 필요하다. 그 인상은 브랜드가 가장 처음 고객과 마주하는 접점에서 만들어진다. 로고, 색상, 말투, 서비스 프로세스, 제품 디자인, 콘텐츠 구성 등 모든 것이 브랜드를 말해주는 언어가 된다. 이 중 단 하나라도 선명하다면, 소비자는 그 브랜드를 기억한다. 하지만 그 언어들이 모두 평범하거나 중간 수준에 머무르면, 브랜드는 금세 묻히고 만다. 차별화란 곧 기억 장치이며, 기억은 곧 생존이다.

04

'나답다'는 것이 곧 가장 강력한 무기

우리는 종종 '나답게 하라'는 말을 듣지만, 그 말이 실제로 얼마나 강력한 전략이 되는지는 잘 인식하지 못한다. 세상에는 수많은 제품, 서비스, 콘텐츠가 있고, 모두가 뭔가를 더 잘하려고 애쓴다. 하지만 그중 어떤 브랜드는 기술력이나 마케팅보다도, 그 브랜드가 지닌 '태도'나 '정체성' 때문에 기억된다. '나답다'는 것은 단순한 취향의 표현이 아니다. 그것은 브랜드와 개인이 외부의 기준이나 유행이 아니라 스스로의 방향과 철학을 중심에 두고 움직인다는 뜻이다. 그리고 그 중심이 분명할수록, 사람들은 쉽게 잊지 못한다.

정체성 있는 브랜드는 흔들리지 않는다

외부의 기준에 따라 결정하는 브랜드는 트렌드가 바뀌거나 경쟁자가 등장할 때마다 방향을 잃는다. 반면, 자기 정체성이 뚜렷한 브랜드는 어떤 상황에서도 자신만의 방식으로 대응한다. 예를 들어,

'킨포크(Kinfolk)'라는 잡지는 유행하는 포맷이나 화려한 콘텐츠가 아니라, '느리게 사는 삶'이라는 일관된 철학을 시각적으로 풀어내며 전 세계적으로 인기를 끌었다. 단순히 느린 속도를 강조한 것이 아니라, 그 철학에 맞는 색감, 글의 간격, 사진의 구도, 광고의 유무까지 모두 동일한 철학 안에서 설계된 결과다. 킨포크는 대형 출판사에 비해 자본력은 없었지만, 그들에게는 강력한 '나다움'이 있었다.

남의 방식보다 나의 언어가 사람을 끌어당긴다

모두가 비슷한 말투로 글을 쓰고, 비슷한 색감의 이미지를 쓰는 시대일수록, 자신의 언어로 말하는 사람은 더 쉽게 눈에 띈다. 똑같이 자기계발을 주제로 글을 쓰더라도, 어떤 사람은 직설적으로, 어떤 사람은 유머 있게, 어떤 사람은 담담하게 풀어낸다. 그 스타일이 '진짜 그 사람'이라는 인상을 줄 때, 독자는 단순한 정보가 아닌 '관계'를 맺는다. 예를 들어, 에세이 작가 '요조'는 시적이고 감성적인 말투로 독자의 마음을 끌어당겼다. 누군가는 그 문장을 정보가 아닌 '위로'로 받아들였고, 그 결과 작가 개인이 브랜드가 되었다. 결국 가장 강력한 콘텐츠는 잘 만든 문장보다 '진심에서 나온 말'이다.

정답보다 인상에 남는 방식이 기억된다

어떤 질문에 가장 '정답에 가까운' 답을 한 사람이 아니라, 가장 '인상적으로' 답한 사람이 기억에 남는다. 브랜드도 마찬가지다. 전통적인 기준에서 보면 아주 유능한 브랜드가 있음에도 불구하고, 고객에게 아무런 이미지도 남기지 못하는 경우가 많다. 반면, 단점도 많고 완벽하진 않아도 특정한 인상, 감정, 분위기를 주는 브랜드는 훨씬 오래 기억된다. 예를 들어, 한 빵집은 전국 체인도 아니고, 특별한 마케팅도 하지 않지만, '매일 아침 손글씨로 메뉴판을 바꾸는 가게'로 지역 주민들의 입소문을 탔다. 제품이 아니라 '태도'를 기억하게 만드는 것, 그것이 나다움을 무기로 삼은 좋은 예다.

나다움은 흉내 낼 수 없다

경쟁자보다 앞서기 위해 트렌드를 빠르게 흡수하는 것도 하나의 전략이지만, 진짜 차별화는 '복제 불가능한 정체성'에서 나온다. 스타일, 감성, 세계관은 배워서 흉내 낼 수 있지만, 어떤 브랜드나 사람이 살아온 과정과 내면의 결을 따라 하기는 어렵다. 예를 들어, '무인양품(MUJI)'은 '없는 것이 좋다'는 철학으로 브랜드를 설계했다. 화려한 포장, 과한 광고, 복잡한 디자인을 모두 배제하고, 오히려 '기능만 있는' 제품을 통해 존재감을 드러낸다. 처음엔 '지나치게 밋밋하다'는 평도 있었지만, 시간이 지나자 사람들은 그 철학에 공감했고, 무인양품은 고유한 브랜드로 자리 잡았다. 이처럼 나다움은 경쟁 우위 그 자체다. 따라 하려는 순간, 본질이 사라지기 때문이다.

나다운 브랜드는 스스로를 설명할 수 있다

"우리는 무엇을 하는가?"보다 "우리는 왜 이렇게 하는가?"를 명확히 설명할 수 있는 브랜드가 강하다. 나다움을 갖춘 브랜드는 자기만의 이유와 방식이 있으며, 이를 고객에게 명확히 전달할 수 있다. 이는 신뢰로 이어진다. 예를 들어, 어느 로컬 카페는 메뉴판에 커피 원두의 산지나 농장을 쓰지 않고, '오늘의 기분에 맞는 커피'라는 표현을 사용한다. 카페 사장은 이렇게 말한다. "우리는 기분을 파는 곳입니다. 커피는 그 수단이에요." 이 말 한마디가 브랜드 철학을 설명해 주며, 그 카페를 찾는 사람들은 커피 맛보다도 '그 분위기'를 기억하게 된다. 자기 이유를 말할 수 있는 브랜드는 자연스럽게 차별화된다.

나다움은 브랜드 전체에 녹아 있어야 한다

단순히 말투나 디자인만의 문제가 아니다. 나다움은 서비스 응대, 가격 정책, 홍보 방식, 고객을 대하는 태도, 내부 문서와 표현 방식 등 브랜드를 이루는 모든 요소에 녹아 있어야 한다. 어떤 작가는 책 날개에 자신의 이력 대신 '이 책을 쓴 계기'만을 적고, 강연 요청에도 "질문이 없으면 강연은 하지 않습니다"라는 단서를 단다. 이런 작지만 일관된 표현은 작가가 어떤 사람인지, 무엇을 중요하게 여기는지를 보여준다. 브랜드도 마찬가지다. 겉은 다르게 보이지만 속은 평범한 브랜드는 오래가지 못한다. 그러나 속부터 다르면 겉은 굳이 바꾸지 않아도 진심이 전달된다.

나다운 사람은 꾸밈이 없지만, 설계되어 있다

나다움은 무계획이나 무작정의 상태를 의미하지 않는다. 오히려 나다운 브랜드일수록 더욱 정교하게 자기 표현을 설계한다. 자신이 어떤 언어를 쓰고, 어떤 톤을 유지하며, 어떤 경험을 고객에게 제공할지 깊이 고민한다. 예를 들어, '파타고니아'는 환경보호를 브랜드 핵심 가치로 내세우며, 제품의 내구성, 수선 정책, 광고 문구 하나하나에 그 철학을 담는다. 그들은 "이 제품을 사지 마세요"라는 광고를 내걸기도 했다. 단순히 개성 있는 표현이 아니라, 브랜드가 믿는 가치를 명확하게 표현한 전략이었다. 나다움은 결국 진심에서 나오지만, 그것을 표현하는 방식은 철저히 설계되어야 한다.

05

차별화는 선택이 아니라 생존 전략이다

우리는 흔히 차별화를 하나의 선택지처럼 여긴다. 할 수도 있고, 안 할 수도 있는 일, 혹은 조금 더 잘해보고 싶을 때 시도해보는 전략 정도로 생각한다. 하지만 지금 이 순간에도 전 세계에는 수없이 많은 브랜드와 콘텐츠, 서비스가 등장하고 사라지고 있다. 그리고 그중 대부분은 누구의 기억에도 남지 못한 채 조용히 사라진다. 잘 만들었다고 모두 살아남는 시대가 아니다. 이제는 '다르지 않으면 존재할 수 없는' 시장이 되었다. 차별화는 더 잘되기 위한 전략이 아니라, 사라지지 않기 위한 기본 조건이다.

시장에 진입하는 순간, 경쟁은 시작된다

브랜드를 만든다는 것은 곧 시장에 진입한다는 뜻이다. 고객이 누구이든, 분야가 무엇이든, 한 번 상품이나 콘텐츠를 세상에 내놓은 순간부터 그 대상은 수많은 선택지 속에 놓인다. 예를 들어, 블로그를 처음 시작한 사람이 있다고 하자. 처음엔 '좋은 글'을 쓰는 데 집중하지만, 곧 깨닫는다. 아무리 공들여 써도 그 글을 읽는 사람이 없고, 읽더라도 다른 블로그와 구별되지 않는다면 다시 찾아오는 사람도 없다. 콘텐츠든 제품이든, '출발'은 누구나 할 수 있지만 '생존'은 전혀 다른 이야기다. 시장은 열려 있지만, 모두를 받아들이지는 않는다.

경쟁은 실력보다 인식의 문제다

많은 이들이 '좋은 제품을 만들면 언젠가는 알아줄 것'이라고 믿는다. 물론 일정 부분은 맞는 말이다. 그러나 '좋다'는 건 보는 사람의 기준에 따라 다르다. 실제로 선택은 품질보다 인식에 좌우되는 경우가 많다. 예를 들어, 두 개의 유사한 커피 브랜드가 있다고 할 때, 하나는 "스페셜티 원두를 사용하는 정직한 커피"를 강조하고, 다른 하나는 "빠르고 저렴한 일상의 커피"를 내세운다고 하자. 고객은 본인의 성향과 목적에 따라 후자를 선택할 수도 있다. 여기서 중요한 것은 두 브랜드 모두가 자기 위치에서 '다르게 인식될 수 있는 정체성'을 갖고 있어야 살아남는다는 점이다. 실력이 아니라 차별화된 인식이 생존의 관건이 된다.

차별화하지 않으면 가격 경쟁에 빠진다

차별화가 없는 브랜드는 결국 가격으로만 비교당한다. '비슷한데 더 싸면 좋은 것'이라는 단순한 기준에 갇히기 시작하면, 브랜드는 점점 마진을 줄이게 되고, 결국 생존력을 잃는다. 반면, 차별화된 브랜드는 가격 외의 기준으로 평가받는다. 예를 들어, '다이슨'의 청소기는 경쟁 제품보다 몇 배는 비싸다. 하지만 사람들은 '흡입력'이라는 기능적 차별화뿐 아니라 '프리미엄 기술력', '미래적인 디자인', '고급 브랜드 이미지'까지 고려해 선택한다. 단순히 비싸서가 아니라, 가격을 설명할 수 있는 이유가 브랜드 안에 있기 때문이다. 차별화는 곧 가치를 높이는 동시에, 가격을 지키는 방패가 된다.

고객의 관심은 짧고, 무관심은 빠르다

지금 고객의 주의력은 그 어느 때보다 짧아지고 있다. 3초 안에 시선을 끌지 못하면 스크롤은 멈추지 않고, 영상이 지루하면 끝까지 보지 않는다. 유튜브, 인스타그램, 전자상거래 앱 등 어디든 수많은 경쟁자들이 존재하고, 소비자는 놀랄 만큼 빠르게 판단한다. 이럴 때 차별화된 첫인상, 기억에 남는 말투, 독특한 화면 구성 등 작은 디테일이 브랜드를 살린다. 예를 들어, 한 중소 화장품 브랜드는 고가의 마케팅 대신, 고객이 주문하면 손편지와 함께 '사용 순서가 적힌 미니 체크리스트'를 동봉했다. 이 단순한 아이디어 하나로 브랜드는 SNS에 공유되었고, 자연스럽게 인지도를 쌓아갔다. 관심을 얻기 위한 첫 1분이 모든 걸 결정짓는 시대다. 차별화는 그 첫 인상을 위한 가장 현실적인 무기다.

규모가 작을수록 차별화는 생존과 직결된다

큰 조직은 충성 고객, 유통 채널, 브랜드 파워 등으로 단기적 타격에 버틸 수 있다. 하지만 1인 브랜드나 초기 창업자, 프리랜서, 신생 기업은 다르다. 초반부터 뚜렷한 인상을 심어주지 못하면 재방문율은 떨어지고, 입소문은 생기지 않는다. 예를 들어, 어느 개인 번역가는 '시적인 번역'이라는 키워드로 자기 서비스를 포지셔닝했다. 그는 기술적 정확성보다 감성적 표현력에 집중했고, 작가나 출판사들이 그를 '작품을 살리는 번역가'로 인식하게 되었다. 결국 그 차별성 하나가 생존의 기반이 되었고, 다른 번역가들과는 전혀 다른 고객층을 확보할 수 있었다. 작을수록, 뚜렷하게 보여야 살아남는다.

차별화는 마케팅 이전의 문제다

많은 브랜드가 마케팅에서 답을 찾으려 한다. 더 많이 알리고, 더 예쁘게 보여주고, 더 자주 노출시키면 해결될 거라 믿는다. 하지만 아무리 마케팅을 잘해도, 그 브랜드에 '차별화된 메시지'가 없다면 결국 사람들은 관심을 가지지 않는다. 마케팅은 증폭기일 뿐이다. 차별화된 내용이 있어야 그 내용을 증폭시킬 수 있다. 반대로 아무런 메시지도 없고, 특별함도 없는 콘텐츠를 아무리 홍보해도 사람들의 마음을 움직일 수 없다. 차별화는 마케팅이 아니라 콘텐츠의 중심, 브랜드의 본질로 작동해야 한다.

**차별화는 단순히 살아남는 것이 아니라,
계속 성장하기 위한 토대다**

처음에는 생존을 위해 시작했더라도, 차별화는 시간이 지날수록 더 큰 자산이 된다. 독자적인 브랜드가 되면 모방이 두렵지 않고, 꾸준한 팬층이 형성된다. 예를 들어, '배달의민족'은 초기에 'B급 감성'과 '센스 있는 문구'로 인식되었고, 이는 브랜드 전체의 캐릭터로 발전했다. 단지 식당을 모아놓은 플랫폼이 아니라, 디자인과 언어가 살아 있는 유일한 앱이 되었고, 브랜드 충성도가 높아졌다. 차별화는 경쟁자를 따돌리는 기술이 아니라, 브랜드만의 언어를 만들어가는 장기 전략이다.

차별화는 생존을 위한 태도에서 시작된다

사실 차별화는 특별한 기술이 아니라, 문제를 인식하는 태도에서 시작된다. '내가 이 시장에서 어떤 방식으로 살아남을 수 있을까?'라는 질문은 단순히 마케팅 기획서가 아니라, 하루하루 고객과의 접점에서 나오는 성찰이다. 어떤 말투를 쓸까, 어떤 서비스 방식이 나를 설명할까, 어떤 색이 나를 떠올리게 할까. 이 질문에 답을 찾는 과정이 곧 차별화이며, 그것이 브랜드의 생존을 이끈다. 선택은 우연이 아니다. 전략은 선택을 필연으로 만든다.

2장

차별화는 이렇게 시작되었다

공간이 말하게 만든 브랜드 설계

카페, 서점, 호텔, 미용실, 심지어 병원까지. 우리는 다양한 공간 속에서 하루를 살아간다. 그런데 어떤 공간은 다녀온 후에도 인상에 남고, 어떤 공간은 아예 기억조차 나지 않는다. 두 곳 다 서비스는 친절했고, 시설도 깔끔했는데 왜 어떤 곳은 떠오르고, 어떤 곳은 사라질까? 그 차이는 공간이 '자기만의 이야기를 하고 있었느냐'에 있다. 차별화는 제품이나 마케팅에서만 이루어지는 것이 아니다. 브랜드가 직접 고객을 맞이하는 물리적 공간, 즉 눈에 보이고 몸으로 느껴지는 환경 자체가 브랜드를 설명하는 도구가 될 수 있다. 그리고 어떤 브랜드는 실제로 공간만으로도 자신을 말하고, 사람들의 기억 속에 오래 남는다.

공간 하나로 세계관을 설명한 브랜드, 츠타야 서점
일본 도쿄의 다이칸야마에 있는 '츠타야(Tsutaya) T-SITE'는 단순한 서점이 아니다. 이곳을 처음 방문한 사람들은 서가 사이로 이어진 통로, 부드러운 조명, 벽 한 면을 가득 채운 예술 서적, 클래식 음악이 흐르는 분위기 속에서 마치 한 편의 영화 세트장에 들어선 듯한 기분을 느낀다. 이 공간은 책을 파는 곳이 아니라, 문화적 취향을 큐레이션하는 장소로 설계되었다. 고객이 책을 고르는 동안 느끼는 감정, 주변에서 만나는 커피 냄새, 음악의 여운까지가 브랜드의 일부로 작동한다. 실제로 이곳은 책의 판매보다 체류 시간을 늘리는 데 집중하고, 고객은 그 시간 동안 브랜드의 정체성을 온몸으로 체험한다. 츠타야는 단순한 공간이 아니라, 브랜드가 추구하는 '생활 속 문화적 여유'라는 가치를 공간으로 구현한 사례다.

디자인이 아닌 '의도'가 공간을 차별화한다

공간 차별화는 단순히 인테리어나 고급 자재의 문제가 아니다. 오히려 '무엇을 의도했는가'라는 설계자의 철학이 담겨 있을 때 강력한 힘을 갖는다. 츠타야는 '책'이라는 상품을 둘러싼 모든 경험을 재설계했다. 일반 서점처럼 책을 나열하지 않고, 고객의 취향과 관심사를 따라 흐르는 동선을 만들었으며, 앉아서 오래 머물 수 있도록 공간의 밀도를 낮췄다. 또한 책과 함께 어울리는 음악과 커피, 문구류를 함께 배치해, 고객이 콘텐츠를 감각적으로 소비하도록 유도했다. 이 모든 요소는 고객에게 "우리는 단순한 서점이 아닙니다"라고 말하지 않아도, 자연스럽게 그 메시지를 전달한다. 공간은 말없이도 브랜드의 철학을 말할 수 있는 가장 강력한 수단이다.

무의미한 공간은 기억에 남지 않는다

사람들은 생각보다 공간에 민감하다. 똑같은 커피라도 어떤 곳은 유독 맛있게 느껴지고, 어떤 레스토랑은 음식보다 조명이나 음악이 더 기억에 남는다. 반대로, 아무리 맛있고 친절한 곳이어도 공간이 주는 인상이 없으면 '그냥 그런 곳'으로 분류된다. 츠타야가 성공할 수 있었던 이유는 공간이 브랜드를 대신 말해주고 있었기 때문이다. 고객은 책을 사지 않아도, 그곳에 있는 것만으로 자신이 '문화적인 사람'이 된 듯한 기분을 느낀다. 이 감정이 브랜드와 고객 사이에 정서적 연결을 만들어낸다. 결국 기억에 남는 브랜드는, 경험을 설계한 브랜드다.

경험을 판다는 말은, 공간을 설계한다는 뜻이다

많은 브랜드가 '우리는 상품이 아니라 경험을 팝니다'라고 말한다. 하지만 그 말이 실제로 작동하려면, 고객이 머무는 물리적 공간이 그 메시지를 지지해줘야 한다. 츠타야는 책과 공간, 음료와 조명, 음악과 시간의 흐름을 통해 고객에게 일관된 메시지를 전했다. "당신은 지금 문화적인 사람입니다." 이는 어떤 광고 문구보다 강력한 메시지다. 사람은 자신이 경험한 것을 더 깊이 기억하고, 그 감정에 더 쉽게 충성한다. 그래서 브랜드 공간이 말하는 감정, 방향, 태도는 곧 브랜드 자체가 된다.

공간 설계는 브랜드의 전략이자 약속이다

츠타야의 공간 전략은 단순한 리뉴얼이 아니라, 브랜드가 어떤 삶의 방식을 제안하고 싶은지를 말하는 전략적 선택이었다. 많은 사람들이 츠타야에서 "책을 많이 샀다"기보다 "기억에 남는다", "오래 머물렀다"라고 말하는 이유는, 공간이 그 자체로 브랜드의 철학을 담아냈기 때문이다. 브랜드는 공간을 통해 고객과 대화하고, 첫인상을 남기며, 돌아간 후에도 잊히지 않는 경험을 선물할 수 있다. 차별화된 공간이 곧 차별화된 브랜드를 만든다.

초보 브랜드가 공간 차별화에서 배울 점

츠타야처럼 거대한 공간을 운영하지 않더라도, 누구나 공간을 설계할 수 있다. 작은 작업실, 스튜디오, 온라인 화상회의 배경, SNS 콘텐츠 속 장면 하나까지도 모두 브랜드의 '공간'이다. 그것이 물리적이든 디지털이든, 공간은 무언가를 말하고 있다. 중요한 건 예산이나 규모가 아니라, 의도와 정체성이다. '나는 어떤 경험을 주고 싶은가', '고객이 나를 어떤 브랜드로 기억하길 바라는가'라는 질문에서 출발해 작은 디테일부터 설계해 나간다면, 공간은 단순한 배경이 아닌 브랜드의 언어가 된다.

02

시장을 쪼개고 집중하는 전략

누군가에겐 작고 보잘것없는 시장이, 어떤 브랜드에겐 전부가 된다. 우리는 보통 시장이 크면 클수록 좋다고 믿는다. 하지만 실제로는 '정확히 누구를 위한 것인가'를 설명하지 못하는 시장이 가장 위험하다. 모두를 위한 제품은 누구에게도 특별하지 않고, 모두를 만족시키려는 전략은 결국 아무도 감동시키지 못한다. 그래서 성공적인 브랜드는 시장을 넓히기보다는, 오히려 좁히는 전략을 택한다. 시장을 잘게 나누고, 그 안에서 깊이 들어가 특정 고객의 '진짜 필요'를 해결하는 것이야말로 가장 현실적이고 지속 가능한 차별화의 출발점이다.

모두가 먹는 빵이 아닌, 어떤 사람을 위한 빵

'노아 베이커리(NOAH BAKERY)'는 서울 성수동과 압구정에 위치한 작은 베이커리다. 단순히 다양한 빵을 파는 것이 아니라, 건강한 재료와 조합을 통해 민감한 체질을 가진 사람들까지 안심하고 먹을 수 있도록 만든다는 철학을 가지고 있다. 쌀가루와 귀리 등을 활용한 저당 제품이나 무첨가 제품을 선보이며, 식이 제한이 있는 고객에게 새로운 선택지를 제공한다. 단순한 유행을 따르기보다, 제한된 식단을 가진 사람들도 맛과 감동을 포기하지 않도록 돕겠다는 의지가 브랜드의 정체성을 이끈다.

시장을 쪼갠다는 건 사람을 깊이 이해한다는 뜻

보통은 더 넓은 시장을 꿈꾼다. 하지만 그런 시선은 사람을 숫자와 카테고리로만 바라보게 만든다. 반면 시장을 쪼갠다는 건 그 안의 삶과 제약, 기대와 감정을 더 섬세하게 들여다보는 일이다. 노아 베이커리는 단순히 '누구나 먹는 빵'이 아닌, '내 몸에도 편한 빵', '부담 없이 먹을 수 있는 빵'이라는 감정적 가치를 전달한다. 고객은 이 브랜드를 통해 먹는 행위 그 자체보다 '돌봄을 받는 느낌'을 경험한다. 시장을 좁히는 것은 고객 수를 줄이는 것이 아니라, 관계의 밀도를 높이는 일이다.

틈새를 파고든 브랜드가 더 오래 살아남는다

대기업은 넓은 시장을 노리며 평균적인 기획을 한다. 하지만 소규모 브랜드가 같은 방식으로 접근하면 금세 묻힌다. 오히려 대기업이 다루지 않는 사각지대, 즉 민감 체질이나 제한 식단과 같은 니즈를 세심히 다루는 브랜드가 오히려 더 강한 연결을 만든다. 노아 베이커리는 그렇게 틈새를 공략했고, 광고나 마케팅보다 고객의 입소문으로 브랜드를 확산시켰다. 시장은 넓히는 것이 아니라, 먼저 정확히 들어가고 공감하는 힘에서 시작된다.

한 사람에게 깊게 닿는 브랜드가 강하다

차별화된 브랜드는 모두를 감동시키려 하지 않는다. 오히려 하나의 질문을 명확히 한다. "우리는 누구를 위한 브랜드인가?" 노아 베이커리는 처음부터 '식단에 제약이 있는 사람들'을 위해 설계되었고, 이들을 중심에 두고 제품 구성과 디자인, 말투까지 정리했다. 브랜드는 예쁜 패키지보다, "나를 위한 빵을 만드는 곳"이라는 인식을 남겼다. 고객에게 감동을 주기보다 감정을 건네는 방식. 그것이 노아 베이커리가 기억되는 이유다.

시장을 좁히는 것이 아니라 더 깊게 들어가는 것

틈새 시장이라 하면 작고 한정된 영역처럼 느껴지지만, 실제로는 훨씬 더 깊은 정서적 공간이 숨어 있다. 그 안에는 구매 이상의 감정, 공감, 위로, 소속감이 있다. 노아 베이커리는 건강식 빵을 파는 브랜드가 아니라, "나 같은 사람도 환영받는다"는 인식을 전하는 브랜드다. 단지 제품만이 아니라, 공간과 말투, 서비스 전반에 걸쳐 "당신을 위해 준비했습니다"라는 태도를 유지하며 고객과 연결된다. 이 집중력은 단순한 기능이 아니라 감정의 밀도를 키우고, 충성도 높은 팬을 만들어낸다.

초보자일수록 시장을 좁히는 게 유리하다

브랜드 초반에는 고객이 적을까 봐 걱정된다. 그래서 넓은 시장을 겨냥하려 한다. 그러나 진짜 중요한 건 시장의 크기가 아니라 명확성이다. 누구를 위한 브랜드인지, 왜 존재하는지를 정확히 설명할 수 있다면, 시장은 작을수록 유리하다. 소수라도 강하게 연결된다면, 브랜드는 충분히 살아남는다. 처음엔 좁은 시장에서 정체성을 쌓고, 나중에 더 넓은 시장으로 확장할 수 있다. 시장을 좁히는 것은 사람을 줄이는 게 아니라, 더 깊게 연결되겠다는 의지다. 그 의지가 브랜드를 차별화시키고, 살아남게 한다.

철학이 녹아든 제품 하나의 힘

제품 하나에 담긴 철학이 브랜드의 운명을 바꾸는 경우가 있다. 단순히 기능을 뛰어나게 만든 것이 아니라, 그 안에 브랜드의 태도와 가치, 그리고 고객을 바라보는 시선이 자연스럽게 녹아 있을 때, 사람들은 그것을 단지 '쓸 만한 제품'이 아니라 '내가 좋아하는 브랜드'로 기억한다. 철학은 대단한 문구로 쓰여 있을 필요는 없다. 오히려 조용하고 사려 깊게, 그러나 일관성 있게 제품 속에 스며들 때 훨씬 더 강한 힘을 가진다. 그리고 어떤 브랜드는 그 한 가지 제품만으로 자신이 세상을 어떻게 해석하고, 어떤 방식으로 고객과 만나고 싶은지를 명확히 보여준다.

제품보다 먼저 감각을 설계한 브랜드, 이솝(Aesop)

이솝은 화장품 브랜드지만, 제품 하나하나가 단지 피부에 바르는 화학물이 아니라 브랜드 철학을 구현하는 매개체로 설계되었다. 그

중에서도 대표적인 제품인 '레저렉션 아로마틱 핸드워시'는 단순한 세정제가 아니다. 이솝의 감각적 세계관, 삶의 리듬을 대하는 태도, 그리고 고객을 대하는 방식이 오롯이 담긴 철학적 표현이다. 패키지는 투명하거나 화려한 컬러를 쓰지 않고, 갈색 약병 형태를 사용하며, 라벨 역시 감성보다 정보 중심으로 설계되어 있다. 하지만 그것이 주는 인상은 명확하다. "우리는 말하지 않아도, 스스로 느끼게 만드는 브랜드입니다." 화장실에 이솝의 핸드워시가 놓여 있으면, 단지 손을 씻는 기능을 넘어서 그 공간 전체가 고급스럽고 철학적인 분위기를 가지게 된다. 제품 하나가 브랜드 전체의 정체성을 말해주는 셈이다.

불필요한 것을 모두 걷어낸 미니멀한 메시지

이솝은 제품에서 '말을 줄이는 전략'을 선택했다. 제품명도 기능보다는 이미지 중심이고, 광고 문구는 감성을 자극하지 않는다. 예를 들어 "이 핸드워시는 보습이 뛰어납니다"라는 식의 설명은 없다. 그 대신 성분 하나하나에 집중하고, 제품을 사용하는 상황을 최대한 단순하게 그려낸다. 그 결과 고객은 제품을 받아 들었을 때 과한 기대보다, 오히려 자신의 일상에 흡수되는 브랜드 경험을 한다. 여기서 중요한 건, 이솝은 제품의 성능을 과장하지 않음으로써 오히려 신뢰를 얻는 브랜드가 되었다는 점이다. 철학은 말이 많을수록 무너진다. 행동으로 말하는 브랜드는 오래 기억된다.

소비자가 브랜드의 생각을 '느끼게 하는 방식'

이솝의 제품은 화장품 그 이상이 되기 위해 의도적으로 감각을 설계했다. 향도 그렇다. 이솝 제품의 향은 흔한 '기분 좋은 향'과는 다르다. 처음에는 다소 낯설게 느껴질 수 있는 깊은 식물성 향을 사용하며, 이는 소비자에게 "이건 다르다"는 인식을 남긴다. 중요한 건 그 낯섦이 불쾌가 아니라 '기억에 남는 감각'으로 이어진다는 점이다. 고객은 자신도 모르게 그 브랜드의 시선을 따라가게 되고, 그것이 신뢰로 연결된다. 철학이 담긴 제품은 감각을 장악한다. 그리고 감각이란 논리가 아닌 기억의 층위에서 작동하는 만큼, 훨씬 더 오래간다.

하나의 제품이 만든 공간의 분위기

이솝의 핸드워시는 단지 욕실에 놓인 세정제가 아니다. 그것이 놓인 순간 그 공간은 달라진다. 실제로 많은 레스토랑, 갤러리, 호텔들이 손세정제를 이솝으로 바꾸면서 전체 분위기가 한 단계 격상되었다는 후기를 남긴다. 제품 하나가 공간을 설명하고, 공간이 다시 브랜드의 철학을 재생산하는 구조다. 이처럼 제품 하나가 단독으로 브랜드의 세계관을 설명하고, 그것이 감각을 타고 소비자의 일상으로 번져갈 수 있다면, 그 브랜드는 광고 없이도 살아남는다.

확장보다 깊이를 선택한 전략

이솝은 한 제품이 인기를 끌었다고 해도, 그것을 마구잡이로 확장하지 않는다. '핸드워시'가 잘 팔리면 '핸드크림', '핸드미스트'로 이어지되, 각각의 제품은 동일한 감각 언어를 유지하며 철학적으로 연결된다. 즉, 하나의 철학이 모든 제품에 일관되게 스며들고, 고객은 어떤 제품을 만나더라도 같은 브랜드를 느낄 수 있다. 이것은 단순히 '브랜드 톤'을 유지하는 것이 아니라, 그들이 세상을 바라보는 관점을 유지하고 있다는 뜻이다. 겉모습이 아닌 내면의 논리를 공유하는 구조다.

초보 브랜드에게 던지는 질문 하나

이솝의 사례에서 우리가 배워야 할 핵심은 이거다.

"내가 만든 제품 하나가, 나의 생각을 충분히 설명하고 있는가?"

그 제품이 없어도 브랜드가 설명될 수 있다면, 브랜드는 약하다. 반대로 제품 하나만으로 브랜드가 설명된다면, 그것은 이미 '생각이 구현된 상태'다. 초보 브랜드일수록 기능과 성분에 집중하기 쉽지만, 중요한 건 제품이 '어떤 태도를 품고 있는가'다. 그것이 고객에게 느껴지는 순간, 기능을 넘어서는 브랜드가 된다.

팬이 스스로 모이는 커뮤니티 구조

누군가를 감동시키는 건 어렵지만, 자발적으로 움직이게 만드는 건 더 어렵다. 특히 브랜드라는 존재가 고객에게 선택받기만 해도 성공이라고 할 수 있는 상황에서, 팬이 스스로 모이고, 함께 이야기하고, 공유하고, 확장시켜 나가는 구조는 결코 우연히 만들어지지 않는다. 그것은 단순한 제품력이나 광고 효과가 아니라, 브랜드가 고객과 맺는 관계의 방식, 그리고 브랜드가 만들어낸 세계 안에서 사람들이 느끼는 소속감에서 비롯된다. 커뮤니티는 단순한 고객 모임이 아니라, 브랜드의 감정적 확장을 상징하는 생태계다. 그리고 어떤 브랜드는 이 구조를 마케팅이 아니라 '철학의 구현'으로서 만든다.

고객이 아니라 '참여자'로 연결된 브랜드, 무인양품

무인양품은 제품도 단순하고, 광고도 하지 않으며, 패션이나 라이프스타일에서 특별히 화려한 것을 강조하지 않는다. 그런데 이 브랜드는 전 세계에 충성도 높은 팬층을 가지고 있고, 그 팬들은 단순한 소비자가 아니라 브랜드의 세계관 안에서 자신을 발견한 사람들이다. 무인양품은 이들을 광고 대상으로 보지 않는다. 오히려 함께 생각하고, 제안하고, 기획할 수 있는 공동 창작자처럼 여긴다. 가장 대표적인 것이 'MUJI 커뮤니티 라운지'다. 이 공간은 단지 제품을 체험하는 장소가 아니라, 고객이 직접 제품에 대한 아이디어를 제안하고 피드백을 남기며, 심지어 디자인과 개선 제안까지 하는 열린 플랫폼으로 운영된다.

'소비자와 나누는 대화'가 아닌 '함께 만드는 감각'

보통 브랜드가 고객과 소통한다고 하면, 일방적인 메시지 전달이나 피드백 수집 정도로 이해된다. 하지만 무인양품은 고객을 하나의 세계관 안으로 초대한다. 제품에는 브랜드의 철학이 깃들어 있고, 그 철학은 누구에게나 강요되지 않으며 조용히 열려 있다. 그 조용한 태도에 반응한 사람들은, 자발적으로 무인양품의 사용기를 블로그에 쓰고, 제품을 재해석한 공간 사진을 공유하며, 댓글로 정보를 주고받는다. 브랜드가 먼저 커뮤니티를 만들려고 한 것이 아니라, 브랜드가 품고 있는 철학과 감각이 커뮤니티를 만든 것이다. 이것이 '팬이 스스로 모이는 구조'의 핵심이다. 사람들은 무엇보다 자신이 '이해받고 있다'고 느끼는 곳에 머문다.

팬을 설득하지 않고, 정체성을 설계한다

무인양품의 가장 인상 깊은 점은, 이 브랜드가 '설득'을 하지 않는 다는 점이다. 특별한 광고도 없고, 눈에 띄는 패키지도 없으며, 세일을 크게 하거나 증정 이벤트도 없다. 그런데 사람들은 이 브랜드에 스스로 끌린다. 이유는 명확하다. 브랜드는 명확한 정체성을 가지고 있고, 그 정체성은 제품, 공간, 언어, 컬러, 메시지, 웹사이트까지 모든 접점에서 일관되게 유지된다. 사람들은 그 안에서 자신의 감각과 사고방식이 존중받는다고 느낀다. 광고보다도, 정체성은 브랜드와 사람 사이를 묶는 더 깊은 접착제다. 그리고 그 정체성이 강할수록, 그 브랜드를 '내가 좋아하는 이유'가 분명해진다. 사람들은 설명할 수 있는 이유가 있을 때, 브랜드를 오래 좋아한다.

무인양품이 선택한 '커뮤니티적 연결 구조'

무인양품은 브랜드 커뮤니티를 운영하면서도, 고객을 팬으로 호명하거나, 강한 결속력을 요구하지 않는다. 오히려 조용히 그들의 의견을 수집하고, 제품에 반영하며, 일상에서 조용히 파고들어간다. 대표적인 프로그램 중 하나는 'MUJI IDEA'라는 제안 플랫폼이다. 여기서 고객은 자신이 원하는 제품이나 기능, 디자인 등을 제안할 수 있고, 다른 사람들과 함께 토론할 수 있다. 브랜드는 이것을 단순한 리서치 수단으로 쓰지 않고, 진짜로 고객의 제안을 반영해 제품화한다. 이 과정에서 고객은 단순히 '상품을 고른 소비자'가 아니라, '상품을 함께 만든 창작자'가 된다. 이 감각이 브랜드에 대한 충성도를 넘어서, 공동체 의식을 만든다.

무인양품의 공간은 하나의 커뮤니티다

무인양품의 매장은 단순한 매장이 아니다. 무채색의 디자인, 자연 소재, 넓은 동선, 쓸데없는 장식 없이 구성된 매장은 오히려 사람들에게 '고요한 여백'을 제공한다. 그리고 그 여백 안에서 사람들은 자신만의 감각으로 브랜드를 체험한다. 어떤 사람은 책을 읽고, 어떤 사람은 제품을 만져보고, 또 어떤 사람은 조용히 앉아 명상처럼 사물을 관찰한다. 이처럼 브랜드 공간이 커뮤니티적 감각을 확장하는 무대가 될 수 있다면, 커뮤니티는 굳이 모임을 만들지 않아도 자생적으로 생겨난다. 무인양품은 커뮤니티를 만들기보다, 커뮤니티가 생겨나도록 '자리'를 비워두는 방식으로 접근했다. 그 점이 아주 독특하다.

커뮤니티의 본질은 '함께 있는 감각'이다

많은 브랜드가 '브랜드 팬클럽' 혹은 '멤버십'이라는 이름으로 고객을 묶으려 한다. 그러나 진짜 커뮤니티는 관리의 결과가 아니라, 감정의 공명으로 생겨난다. 무인양품은 고객에게 "우리를 사랑하세요"라고 말하지 않는다. 대신 "당신이 있는 방식 그대로 우리 안에 있어도 됩니다"라는 분위기를 조성한다. 이 포용의 정체성이 곧 커뮤니티의 정체성이 된다. 커뮤니티란 결국, 특정한 감각이나 신념, 방향성을 공유하는 사람들이 스스로 모여들 때 형성된다. 이를 위한 전제 조건은, 브랜드가 자기 철학을 흔들리지 않고 유지하고 있어야 한다는 것이다.

초보 브랜드가 커뮤니티 구조에서 배워야 할 질문

이 사례에서 중요한 질문은 명확하다. "우리는 고객에게 어떤 정체성을 제안하고 있는가?" 커뮤니티는 '좋아요'를 많이 받는다고 만들어지는 게 아니다. 사람들이 그 브랜드 안에 들어왔을 때, 자신이 누구인지 더 명확히 느낄 수 있어야 하고, '이 브랜드는 나를 이해한다'는 감정적 신뢰가 있어야 한다. 그 신뢰는 명확한 정체성에서 비롯되고, 그 정체성은 제품, 공간, 언어, 서비스, 운영 방식 등 모든 디테일에 녹아 있어야 한다. 초보 브랜드일수록, 작은 것 하나라도 브랜드의 철학과 연결되어 있는지 스스로 물어봐야 한다. 그래야 사람들이 브랜드 안에 '머물 수 있는 이유'를 찾게 된다.

05

복잡함을 비우고 단순함으로 이끌다

무언가를 새롭게 만든다는 건 채우는 일이 아니라 오히려 비우는 일일지도 모른다. 우리가 일상에서 겪는 수많은 불편함이나 피로는 정보나 기능의 부족 때문이 아니라, 너무 많은 것들이 한꺼번에 몰려드는 과잉의 결과일 때가 많다. 이럴 때 사람들은 단순함을 갈망하게 된다. 복잡함을 줄이고, 핵심만 남긴 브랜드는 그것만으로도 인상을 남기고, 다시 찾고 싶은 감정을 불러일으킨다. 단순함은 그 자체로 철학이고, 고객 경험을 통째로 바꾸는 전략이 될 수 있다. 특히 사용자의 일상 속에서 끊임없이 접하게 되는 서비스라면, 이 단순함이 차별화의 중심축이 될 수 있다.

사용자 경험을 단순함으로 재정의한 브랜드, 드롭박스

클라우드 저장 시장에 후발주자로 등장한 드롭박스는 구글 드라이브, 원드라이브, 아이클라우드 등 거대 기업들과의 경쟁 대신, 단

하나의 질문으로 차별화를 시작했다. "파일 공유를 이렇게 복잡하게 할 필요가 있을까?" 이 질문은 그들의 모든 전략에 관통하는 기준이 되었고, 핵심 기능 하나만을 남긴 단순한 UX를 구축했다. 사용자는 로컬 폴더처럼 드롭박스를 쓰며, 별도의 학습 없이도 즉시 익숙해질 수 있었다.

복잡한 설명 대신 직관적인 행동 설계

초기 홈페이지는 복잡한 소개나 기능 목록 없이 간단한 영상 하나로 시작했고, 사용자는 바로 '이거면 되겠다'는 느낌을 받았다. 드롭박스는 문서 편집이나 채팅 기능 같은 부가 기능을 과감히 제거하고, 오직 저장·공유에만 집중했다. 그 결과 '기능이 많아서 좋은 서비스'가 아니라 '생각하지 않아도 바로 쓸 수 있는 서비스'로 인식되었다. 차별화는 기술이 아니라 경험의 단순화에서 출발한 셈이다.

기능보다 '감정의 여유'를 제공한 브랜드

우리는 기술이 뛰어난 브랜드보다, 사용하면서 기분이 편안해지는 브랜드에 더 오래 머문다. 드롭박스는 바로 그런 감정적 여유를 설계했다. 고객이 '이걸 어떻게 써야 하지?'라는 불안함 없이, 마치 처음부터 알던 것처럼 사용할 수 있게 만든 UX는 단순한 기능 설계를 넘어선 감정 설계다. 이처럼 기술을 느끼게 하지 않는 구조, 질문을 줄여주는 화면, 친절한 언어는 모두 고객의 심리적 피로를 줄이기 위한 배려에서 비롯되었다. 결국 차별화는 기능이 아니라, 기능이 남기는 감정의 차이로 완성된다.

디자인, 메시지, 언어의 일관된 단순함

드롭박스는 시각적으로도 복잡함을 최소화했다. 흰 배경에 단순한 아이콘, 명료한 버튼. 심지어 로딩 화면과 오류 메시지조차도 짧고 부드러운 언어로 구성했다. 이러한 디자인은 사용자의 인지적 부담을 줄였고, 브랜드 전체에서 안정감과 신뢰를 전달했다. 단순한 구조는 브랜드의 감정적 언어로 이어졌고, 사용자에게 '배려받고 있다'는 인상을 남겼다.

모든 고객이 아닌, 핵심 사용자에게 집중한 전략

드롭박스는 협업 도구를 원하는 대기업보다, 개인 사용자와 소규모 팀을 주요 타깃으로 설정했다. 이는 시장을 좁힌 선택이 아니라, 더 깊게 파고드는 전략이었다. 다양한 플랫폼에서도 동일한 경험을 제공하도록 최적화했고, '쉽게 시작할 수 있다'는 첫인상이 지속적으로 유지되었다. 단순함은 곧 진입장벽을 낮추는 방식이 되었고, 결과적으로 더 많은 충성 고객을 만들었다.

단순함은 반복 가능한 경험이 된다

단순한 구조는 브랜드의 일관성을 유지하는 데도 강력한 힘이 된다. 기능이 많아질수록 모든 접점마다 톤이나 방식이 흔들릴 수 있지만, 단순한 구조는 브랜드가 어떤 상황에서도 같은 태도를 유지하게 만든다. 드롭박스는 어떤 기기에서든 동일한 방식으로 동작하고, 어떤 상황에서도 고객이 예상한 대로 반응한다. 이 반복 가능한 경험은 결국 '생각하지 않아도 되는 신뢰'로 이어지고, 브랜드를 오래 사용하게 만드는 강력한 이유가 된다. 사람들은 복잡한 기능보다, 예측 가능한 단순함을 더 오랫동안 기억한다.

단순함은 브랜드 철학이자 용기의 결과다

많은 브랜드가 단순함을 원하면서도 실현하지 못하는 이유는, 과감하게 덜어내는 결정을 하지 못해서다. '이 기능도 있어야 하지 않을까?'라는 유혹을 넘기란 쉽지 않다. 드롭박스는 그 유혹 앞에서 분명한 기준을 세우고, 고객에게 진짜 필요한 것만을 남겼다. 이 철학은 단순한 제품 설계를 넘어 브랜드의 태도로 이어졌고, 고객에게 '신뢰할 수 있는 기술'이라는 감정을 전달했다.

차별화는 덧셈이 아니라 뺄셈에서 시작된다

우리는 보통 차별화를 더 많은 기능이나 독특한 콘셉트에서 찾으려 한다. 하지만 드롭박스는 '무엇을 덜어낼 것인가'를 먼저 고민했다. 결과적으로 사용자는 '생각하지 않아도 되는 편리함'을 경험했고, 브랜드는 특별한 마케팅 없이도 강력한 인상을 남겼다. 단순함은 제품 그 자체를 넘어서, 고객의 삶을 가볍게 해주는 방식이다. 그 순간, 브랜드는 기억되고, 사랑받는다.

06

저가를 프리미엄처럼 포장한 감각

가격이 낮다는 건 일반적으로 '가볍다', '부족하다', 혹은 '비교적 덜 가치 있다'는 인식으로 연결되기 쉽다. 그래서 대부분의 브랜드는 고급스러움이나 신뢰를 전달하려면 어느 정도의 '프리미엄 가격대'를 기본값으로 삼는다. 하지만 어떤 브랜드는 정반대의 길을 걷는다. 아주 저렴한 가격대를 유지하면서도, 고객에게는 마치 '가성비를 넘어선 감각적 경험'을 선사하는 방식으로 시장을 흔든다. 이 전략은 단순히 가격 대비 품질이 좋다는 뜻이 아니라, '저렴한데도 고급스럽게 느껴지는 브랜드'라는 인식 자체를 만들어내는 일종의 감성 설계에 가깝다.

다이소, 저가의 감각을 재설계한 브랜드

다이소는 누구나 아는 생활용품 브랜드다. 천 원, 이천 원이라는 가격대를 전면에 내세우며, 일상에 필요한 거의 모든 물건을 취급한다. 하지만 단순히 가격이 싸다는 이유만으로 사람들이 다이소를 선호하는 것은 아니다. 고객들은 다이소에 들어섰을 때 단순한 할인점의 분위기를 느끼지 않는다. 오히려 어떤 이는 "내가 미처 생각하지 못했던 생활의 편리함을 발견하는 재미", "일본 여행 중 들렀던 정리된 생활용품 매장 같은 경험", "쇼핑이라기보다 산책 같은 느낌"이라며 감정을 표현한다. 이 차이는 어디서 비롯될까? 핵심은 '구성의 감각'과 '공간의 언어'에 있다.

브랜드 철학은 가격보다 공간에서 말해진다

다이소의 매장은 단순한 진열 이상의 구조를 가진다. 제품은 범주별로 색상, 크기, 기능을 통일성 있게 배치하고, 통로마다 다양한 제안형 전시(예 : "여름을 시원하게 보내는 5가지 아이템")를 통해 상품 간의 연관성을 직관적으로 전달한다. 브랜드가 말하는 메시지는 가격이 아니라, '생활의 편리함', '시간의 절약', '기발한 아이디어'다. 그리고 이 모든 것들이 정리정돈된 동선 위에 놓인다. 이로 인해 고객은 이 매장을 단지 싸게 물건을 파는 곳이 아니라, '이상적으로 정리된 라이프스타일'로 느끼게 된다. 공간이 말하는 감각이 브랜드 이미지를 결정짓는다.

포장지를 다시 디자인하면 제품도 새로 보인다

다이소는 같은 가격대의 제품을 다른 할인점에서 구매할 때보다 훨씬 더 '깔끔하게' 느껴진다. 이유는 제품 하나하나의 패키지, 색상 구성, 라벨 타이포그래피까지 철저하게 통일된 톤을 유지하기 때문이다. 패키지는 과하게 화려하지 않지만 시선을 분산시키지 않으며, 기능 중심의 설명을 핵심 키워드로 간결하게 전달한다. 이런 방식은 고객에게 무의식적으로 "이 브랜드는 정돈되어 있다"는 신뢰를 심어주고, '싸보이지 않는 저가'의 느낌을 전달한다. 즉, 제품 자체보다 그것을 감싸는 외형과 메시지, 경험을 통해 브랜드의 고유한 인상을 심는다.

선택지가 많은 게 아니라, '쓸모 있음'이 기준이 되는 구조

다이소는 엄청난 양의 제품을 판매하지만, 막연하게 많은 제품을 나열하지 않는다. 오히려 고객이 "이걸 지금 당장 쓸 수 있겠다"라고 판단할 수 있게, 상황별·목적별 제안형 구성으로 제품을 묶는다. 예를 들어 여행 코너에는 '여행용 소분통', '휴대용 칫솔 세트', '귀마개' 등이 함께 배치되어 있어 고객은 생각보다 더 많이 구매하게 된다. 이것은 구매 유도라기보다 생활 장면에 맞춘 솔루션 제안처럼 느껴지고, 고객은 '싸니까 샀다'가 아니라 '이런 게 필요했는데 마침 찾았다'는 감정으로 소비를 해석하게 된다. 이런 감정이 반복될 때, 브랜드는 '저렴한 가격'이 아닌 '생활 동반자'로 인식된다.

저렴한 제품에 감정을 더하면 선택이 달라진다

다이소는 제품 자체를 특별하게 만들지 않는다. 대부분의 상품은 기능 면에서 유사 제품들과 큰 차이가 없다. 그러나 매장 안에서 그 제품이 보여지는 방식, 배치된 맥락, 함께 놓인 아이템들이 고객에게 하나의 '상황'을 상상하게 만들고, 그 안에서 감정이 생긴다. 예를 들어 작은 무드등 하나가 책상 정리 용품 옆에 놓여 있을 때, 고객은 단순한 조명 이상의 의미를 부여하게 된다. 감정이 개입된 순간, 저가라는 기준은 희미해지고, 고객은 '가치'로서 제품을 인식한다.

'싸다'는 장점보다 '가성비'라는 믿음을 설계하다

가성비라는 단어는 단순히 저렴한 것이 아니다. 그 가격에 '이 정도면 충분하다'고 느끼게 만드는 순간, 고객은 가격을 떠올리지 않는다. 다이소는 바로 그 지점을 정확히 건드린다. 제품이 아주 훌륭하거나, 오래가거나, 독특하지 않아도 괜찮다. "딱 그 상황에 맞게, 부담 없이 쓰기 좋은 물건"이라는 기대와 현실이 만났을 때, 고객은 만족을 넘어 '신뢰'를 갖게 된다. 이 신뢰는 브랜드가 반복해서 경험을 설계해온 결과이며, 가격표가 아닌 감정의 누적으로 만들어진다.

고객은 결국 경험을 통해 가격을 재해석한다

흥미롭게도 다이소에서 고객은 "이 정도면 괜찮다"가 아니라 "이거 왜 이렇게 괜찮지?"라는 감탄을 한다. 그 감탄은 제품 자체보다도, 제품을 발견한 순간의 즐거움, 구성된 공간의 정돈감, 반복되는 일관된 포장감각에서 비롯된다. 브랜드는 고객의 '합리적 소비욕구'를 자극하는 동시에, '소소한 만족감'을 반복해서 제공하며 자신만의 위치를 만들어간다. 이럴 때 가격은 브랜드의 중심이 아니라 부차적인 속성으로 바뀌고, 고객은 저가 브랜드에서 프리미엄급의 '믿음'을 갖게 된다.

프리미엄이란 태도의 문제일 수 있다

다이소는 프리미엄 제품을 팔지 않지만, 프리미엄 브랜드가 줄 수 있는 어떤 감정. 신뢰, 안정감, 일관성, 감각을 고객에게 준다. 그래서 고객은 '싼 브랜드'가 아니라 '믿을 수 있는 브랜드'라고 인식한다. 프리미엄은 단가의 문제가 아니라, 고객이 브랜드를 경험하는 방식의 총합으로 만들어지는 것이다. 그리고 다이소는 그것을 제품이 아니라 공간, 언어, 구성 방식, 그리고 감정적 연결을 통해 설계했다.

07
공감으로 연결된 일상 콘텐츠

누군가의 일상을 보여준다는 건, 단순히 정보를 나누는 일이 아니다. 그것은 때때로 위로가 되고, 때로는 동기부여가 되며, 때로는 깊은 공감을 통해 행동을 바꾸는 계기가 된다. 특히 디지털 공간에서 콘텐츠를 소비하는 이 시대에 사람들은 고도로 연출된 콘텐츠보다는, 자기 삶과 맞닿아 있는 자연스러운 일상의 이야기에 훨씬 더 큰 감정을 느낀다. 그런 콘텐츠는 정보 이상의 역할을 한다. 사람들을 연결시키고, 브랜드의 철학을 말해주며, 소비자와의 관계를 맺는 통로가 된다. 콘텐츠를 통해 브랜드를 만든다는 건, '보여주는 방식'이 아니라 '느끼게 만드는 방식'을 설계하는 일이다.

오늘의집, 일상을 전시하는 플랫폼에서 공감 콘텐츠로
'오늘의집'은 처음에는 단순한 인테리어 정보 공유 커뮤니티로 출발했다. 하지만 지금은 단순히 가구나 소품을 파는 쇼핑몰을 넘어서, 누군가의 공간과 삶을 함께 감상하고 나누는 감정의 플랫폼으로 자리잡았다. 사용자는 자신의 방을 사진으로 공유하고, 그 안에 어떤 감정이 있었는지를 이야기로 풀며, 다른 사람은 그 사진을 통해 위로를 받거나 아이디어를 얻는다. 이 구조 속에서 중요한 건 '예쁘다'는 평가가 아니다. "나도 저렇게 살아보고 싶다", "저건 지금의 내 상황과 닮았다"는 공감의 작용이 이 플랫폼을 브랜드로 성장시켰다는 점이다.

자기 삶을 공유할 수 있는 구조가 브랜드를 만든다

오늘의집은 일반 사용자들이 올린 방 사진이나 거실 구성을 콘텐츠로 삼는다. 전문가의 손길이 닿지 않은, 카메라 화질이 다소 흔들린 사진도 플랫폼에서는 충분히 가치 있는 콘텐츠가 된다. 이유는 그것이 '리얼'하기 때문이다. 예쁜 공간이 아니라 진짜 삶이 담긴 공간, 비슷한 조건 속에서 꾸며진 방, 한 달에 10만 원 이하로 만든 작업 공간 같은 콘텐츠는 높은 조회수와 댓글을 이끌어낸다. 고객은 브랜드가 제공하는 정보보다, 다른 사용자의 일상에서 더 많은 신뢰와 영감을 얻는다. 이럴 때 브랜드는 정보 제공자가 아니라, 감정의 연결자가 된다.

공간이 콘텐츠가 되고, 콘텐츠가 브랜드가 된다

오늘의집의 콘텐츠는 특정한 전략이 없다. 그러나 알고 보면 그 안에는 아주 뚜렷한 기준이 있다. 바로 '나도 가능할 것 같은 경험'이다.

이 브랜드는 단순히 인테리어 정보를 보여주는 것이 아니라, 누군가의 삶이 담긴 장면을 공간을 통해 말한다. 예를 들어 좁은 원룸을 감성적으로 꾸민 사례, 아이를 키우는 집의 안전한 수납 아이디어, 고양이와 함께 사는 거실 풍경 등은 보는 이로 하여금 "저건 정보가 아니라 감정이다"라는 생각이 들게 한다. 여기서 브랜드는 소비자에게 물건을 팔기 전에 감각을 건넨다. 공감은 그렇게 콘텐츠를 통해 브랜드를 강화시킨다.

누구나 참여할 수 있는 콘텐츠 구조의 힘

오늘의집의 콘텐츠는 전문가가 만든 것이 아니라, 사용자가 만드는 구조다. 브랜드는 콘텐츠를 직접 생산하지 않지만, 누구나 쉽게 콘텐츠가 될 수 있는 환경을 설계함으로써 참여를 유도한다. 사진을 찍고, 텍스트를 올리고, 해시태그를 붙이면 그 자체로 하나의 콘텐츠가 된다. 브랜드는 이 과정에서 사용자를 평가하지 않고, 정답을 요구하지도 않는다. 이 열린 구조가 사용자에게 '이 플랫폼은 나와 닮았다'는 감정을 주고, 사람들은 자연스럽게 그 안에 머무르며 스스로 브랜드를 강화하는 역할을 하게 된다.

'공감'은 브랜드 메시지보다 강력한 접착제

오늘의집은 어떤 명확한 슬로건이나, 대중적인 광고 캠페인 없이도 폭발적인 성장을 이뤘다. 그 이유는 사용자들이 직접 콘텐츠를 만들고, 그 콘텐츠가 다른 사람에게 감정적으로 닿았기 때문이다. 예쁜 공간보다는 "왜 이 방을 이렇게 꾸몄는지"를 이야기하는 콘텐츠가 더 많은 댓글을 유도하고, "나도 저런 고민이 있다"는 동질감이 사람들을 다시 이 브랜드로 돌아오게 만든다. 공감은 브랜드가 사람들에게 전하는 메시지가 아니라, 사람들 스스로 브랜드를 해석하게 만드는 힘이다. 그리고 그 힘이 강할수록 브랜드는 기억에 남는다.

자기 삶을 정리하는 일이 콘텐츠가 될 수 있도록 만든 시스템

오늘의집의 사용자 인터페이스는 누구나 쉽게 자기 공간을 기록하고 나눌 수 있게 설계되어 있다. 복잡한 편집 도구 없이도 정돈된 콘텐츠를 만들 수 있고, 그 안에 제품 정보, 브랜드 태그, 구매 링크 등을 삽입할 수 있다. 이 구조는 사용자의 경험을 브랜드 내에서 순환시키고, 콘텐츠를 보던 사람은 자연스럽게 쇼핑으로 이어지게 된다. 하지만 중요한 건 쇼핑이 먼저가 아니라, '삶의 한 장면을 나누는 일'이 콘텐츠의 중심이라는 점이다. 브랜드가 소비를 강요하지 않으니, 오히려 사용자들이 더 자발적으로 소비에 이르게 되는 역설적인 구조다.

콘텐츠는 감정의 흐름을 따라 만들어져야 한다

많은 브랜드가 콘텐츠를 만들지만, 소비자의 마음을 움직이지 못하는 이유는 감정이 빠져 있기 때문이다. 오늘의집은 제품보다 사람을 먼저 보여줬고, 결과보다 과정을 중심에 놓았다. 그래서 콘텐츠는 멋지게 마무리된 인테리어 사진보다, "작은 자취방을 조금씩 바꿔나가는 이야기"가 더 많은 공감을 얻는다. 감정의 흐름을 타고 콘텐츠를 만들고, 그 콘텐츠가 브랜드와 연결되었을 때, 소비자는 브랜드를 외우는 것이 아니라 느끼게 된다.

지속가능한 콘텐츠는 사람에게 남는다

오늘의집의 콘텐츠는 시간이 지나도 쉽게 낡지 않는다. 트렌드보다 '삶'이 중심이기 때문이다. 콘텐츠가 유행을 좇아 만들어졌다면 플랫폼은 금방 피로해졌을 것이다. 하지만 오늘의집은 사용자의 삶을 기록하고, 감정을 나누는 일에 초점을 맞췄기에, 매일 새로운 콘텐츠가 쌓이면서도 브랜드의 중심은 흐트러지지 않았다. 이 지속성은 플랫폼의 성장뿐 아니라, 사용자가 이 브랜드를 신뢰하고 머무르게 만드는 결정적인 이유가 된다.

브랜드는 콘텐츠를 만들지 않아도, 공감의 환경을 만들 수 있다

브랜드가 꼭 콘텐츠를 직접 만들어야 하는 건 아니다. 중요한 건 콘텐츠가 '브랜드를 말하는 방식'으로 흘러가도록 환경을 설계하는 일이다. 오늘의집은 사용자가 스스로 자신의 삶을 콘텐츠로 만들게 하고, 그 콘텐츠가 브랜드의 철학과 맞닿아 흐르도록 유도했다. 이 유기적인 구조 속에서, 사용자는 단지 구매자가 아니라 브랜드의 일부로 작동하게 된다. 그렇게 만들어진 콘텐츠는 단순한 리뷰를 넘어, 브랜드의 감정적 자산이 된다.

08

감정을 이해한 서비스의 차별화

사람은 합리적인 존재처럼 보이지만, 실제로는 대부분의 선택과 행동을 '감정'으로 결정한다. 특히 서비스를 이용할 때, 가격이나 기능보다 더 중요하게 작용하는 것은 그 서비스가 자신을 얼마나 잘 이해해주느냐, 혹은 그 과정이 얼마나 편안하고 존중받는 느낌을 주느냐에 있다. 감정을 이해한다는 것은 단순히 공감의 말을 전하는 것이 아니라, 고객이 어떤 순간에, 어떤 감정 상태에서 이 서비스를 찾는지를 고려하여 설계된 구조를 의미한다. 감정이 중심에 있는 서비스는 고객에게 '기억'이 된다. 그리고 그 기억은 브랜드 충성도로 이어진다.

불편한 문제를 다루되, 편안하게 설계된 브랜드, 베터헬프

베터헬프(BetterHelp)는 심리상담을 온라인으로 제공하는 서비스다. 이 브랜드는 처음부터 상담의 필요성보다는, '상담을 받고 싶지만 망설이는 사람들'을 위한 플랫폼으로 설계되었다. 정신건강 문제는 여전히 많은 이들에게는 민감하고 조심스러운 주제다. 특히 누군가에게 내 마음을 털어놓는 일이 부담스럽게 느껴지는 사회 분위기 속에서, 베터헬프는 그 장벽을 낮추는 데 집중했다. '심리상담은 거창한 게 아니다', '그냥 누군가에게 털어놓는 것부터 시작하자'는 메시지를 중심에 둔 브랜드 철학은, 상담을 받는 사람의 감정을 먼저 고려하는 구조로 서비스 전반을 설계했다.

'마음을 열기 전, 문턱부터 낮춘다'는 전략

베터헬프의 첫인상은 단순하다. "지금 어떤 감정에 가까우신가요?"라는 질문으로 시작되며, 사용자는 전문가를 고르기 전 자신의 상태에 대해 간단히 선택할 수 있다. 이 과정에서 이름을 묻거나 계정을 먼저 만들지 않는다. 오히려 정보보다는 감정을 먼저 묻는 이 접근 방식은 사용자에게 '나는 판단받지 않는다'는 안도감을 준다. 사람은 자신의 이야기를 꺼내기 전, 얼마나 안전한 환경인지부터 판단한다. 베터헬프는 상담 이전 단계, 즉 '서비스에 접근하는 감정의 장벽'을 섬세하게 설계함으로써 사용자와의 첫 접점을 부드럽게 만든다.

기능보다 감정에 맞춘 플랫폼 UX

많은 온라인 서비스가 사용 편의성, 속도, 성능을 우선적으로 강조하지만, 베터헬프는 '감정에 걸맞은 흐름'을 최우선 과제로 삼았다. 앱의 색상은 부드러운 톤으로 구성되어 있고, 버튼의 문구도 단정하고 따뜻하다. 예를 들어, '지금 상담사 연결하기'가 아닌 '당신의 이야기를 기다리는 사람이 있습니다'라는 문구가 등장한다. 이 문장은 사용자에게 기능적 설명이 아니라 감정적 초대를 제공한다. 이렇게 감정을 고려한 UI/UX 설계는 사람들에게 '기술적인 서비스'를 받는 느낌이 아니라, '사람과 연결되고 있다'는 감정을 느끼게 만든다.

공간은 없지만, 공간처럼 느껴지는 구조

베터헬프는 물리적인 상담실이 없다. 하지만 사용자는 이 플랫폼에서 상담을 받을 때, 심리적으로 안전하고 단절되지 않은 하나의 공간에 있다고 느낀다. 이 느낌은 플랫폼 내 상담 방식의 유연함에서 비롯된다. 사용자는 텍스트, 음성, 영상 중 원하는 방식을 선택할 수 있고, 정해진 시간 외에도 메시지로 생각을 전달할 수 있다. 상담사가 실시간으로 반응하지 않더라도, 시스템은 항상 열린 구조로 작동하며 '당신의 이야기는 보관되고 있다'는 메시지를 통해 지속적인 연결감을 준다. 즉, 서비스는 공간 없이도 고객의 감정을 담아낼 수 있는 심리적 '그릇'이 되어준다.

감정 설계가 상담의 질을 높인다

심리상담은 그 자체로 예민한 서비스다. 고객의 만족도는 단순한 문제 해결보다, 자신이 이해받고 있다는 감정에 크게 좌우된다. 베터헬프는 여기에 맞춰 상담사 매칭 시스템도 감정 중심으로 설계했다. 사용자가 선택하는 상담사 프로필에는 자격증이나 경력보다도 '이 사람이 어떤 스타일로 들어주는지', '어떤 대화 태도를 지향하는지'에 대한 설명이 강조되어 있다. "부드러운 피드백을 원하십니까?", "직접적인 조언을 선호하십니까?"와 같은 문항은 사용자의 성향을 파악하는 데 도움을 주고, 그 결과 상담사는 더욱 공감적인 방식으로 대화를 이끌어갈 수 있다. 이는 상담의 성공률뿐 아니라, 브랜드의 신뢰도를 높이는 중요한 연결고리로 작용한다.

심리적 피로를 줄이는 브랜드 언어

베터헬프의 콘텐츠와 안내 문구는 기술적 설명이 아니라, 심리적 배려를 기반으로 작성된다. 예컨대 "24시간 이내에 전문가가 매칭됩니다"라는 문구는 "지금 연결되는 게 아니면 늦는 것 아닐까?"라는 불안을 유발할 수 있다. 대신 "당신의 이야기를 가장 잘 들어줄 수 있는 사람을 찾고 있어요"라는 식의 문장은 시간의 흐름을 설득이 아닌 배려로 바꾼다. 작은 언어의 차이가 서비스에 대한 전체적인 인식을 바꾼다. 사용자는 기능보다 태도를 기억하고, 감정에 반응하는 브랜드를 더 오래 신뢰하게 된다.

브랜드가 감정을 다룬다는 건, 고객을 판단하지 않는다는 의미

베터헬프가 차별화된 지점은 '문제를 해결한다'는 목적이 아니라, '감정을 존중한다'는 태도에 있다. 이 플랫폼은 고객을 분석하거나, 맞춤형 솔루션을 제시하는 데 집중하지 않는다. 오히려 "당신이 어떤 감정을 느끼든, 그 감정은 존재할 자격이 있다"는 메시지를 일관되게 전달하며, 상담사와 사용자 모두가 '대등한 관계'에서 이야기를 나누도록 구조를 설계한다. 이러한 비판 없는 태도는 고객에게 자유를 주고, 그 자유 속에서 서비스는 감정적 충성도를 얻게 된다. 이 구조는 브랜드가 감정을 중심에 둘 때만 가능한 방식이다.

기술보다 감정이 브랜딩을 이끈다

베터헬프는 기술적인 완성도에서 다른 앱보다 앞서 있지 않을 수도 있다. 하지만 감정을 다루는 방식에 있어서, 이 브랜드는 그 어떤 경쟁자보다 탁월하다. 감정은 단기적인 만족도를 넘어서, 브랜드에 대한 장기적인 기억을 형성하는 핵심 요소이기 때문이다. 처음 사용할 때의 인상, 상담사와 주고받은 첫 문장, 연결되지 않는 시간 동안 전해지는 안내 메시지까지. 이 모든 경험이 쌓여 브랜드를 감정적으로 인식하게 만든다. 고객은 문제를 해결해준 브랜드보다, 자신의 감정을 존중해준 브랜드를 더 오래 기억한다.

09

광고 없이 입소문으로만 성장하기

사람은 누군가의 추천 앞에서 쉽게 마음이 흔들린다. 특히 요즘처럼 수많은 광고가 넘쳐나는 시대에는, 광고보다 더 믿을 수 있는 정보가 '누가 그것을 써봤는가'에 대한 이야기다. 그래서 입소문은 단순히 자연 발생적인 소문이 아니라, 브랜드가 제공한 경험이 누군가에게 충분한 인상을 남겼을 때에만 만들어지는 결과다. 입소문은 신뢰가 만들어내는 파급력이며, 그것은 '광고비를 줄인다'는 경제적 이유만으로 설명될 수 없다. 어떤 브랜드는 이 입소문 하나만으로 수십 년 동안 사람들의 마음속에 살아남는다. 코스트코는 그 대표적인 예다.

광고를 하지 않는 브랜드, 코스트코

코스트코는 단 한 번도 TV 광고나 유튜브 영상, 유명인 협찬 마케팅에 의존하지 않았다. 그럼에도 사람들은 코스트코에 가기 위해 차량을 준비하고, 회원권을 끊고, 심지어 구매 계획이 없더라도 방문한다. 그리고 그 방문은 단순한 쇼핑이 아니라 일종의 '경험'을 사러 가는 일이 된다. 이 브랜드는 제품을 팔기보다 '이곳에 와보라'는 말을 듣게 만드는 공간 경험을 설계했고, 그 경험이 수백만 명의 고객을 입소문으로 연결시켰다. 코스트코는 말하자면 '광고하지 않는 것을 브랜드화한 브랜드'다.

입구에서부터 시작되는 입소문의 구조

코스트코의 입구는 독특하다. 대형 매장이지만 한 방향으로만 진입할 수 있고, 반드시 회원 카드를 제시해야 입장할 수 있다. 이 작은 장치는 고객에게 "이곳은 아무나 들어올 수 없는 공간이다"는 심리적 진입 의식을 만든다. 그리고 이 폐쇄성은 오히려 사람들의 호기심과 충성심을 동시에 자극한다. 누군가는 "코스트코는 꼭 들어가봐야 하는 곳이야", "다른 마트랑은 달라"라고 말한다. 이처럼 공간의 구조 자체가 입소문을 유도하고, 경험하지 못한 사람들에게 궁금증을 심는 장치로 작동한다.

가격이 아닌, 신뢰가 반복 방문을 만든다

코스트코는 일부 품목에서만 '엄청난 가격 경쟁력'을 보인다. 그러나 고객들은 모든 제품이 싸지 않다는 걸 알면서도 그곳을 찾는다. 이유는 단순하다. 브랜드가 진심으로 선별한 상품이라는 신뢰 때문이다. 광고로 만든 '가성비'가 아니라, 반복되는 소비 경험에서 느껴지는 '고를 가치가 있는 물건'이라는 신호가 브랜드에 축적된다. 고객은 제품 하나하나보다 전체 공간에서 느껴지는 일관된 원칙, 믿을 수 있는 운영방식, 거짓 없는 가격 전략에 신뢰를 갖게 되고, 이 신뢰는 다른 사람에게 소개할 때 가장 강력한 언어가 된다. "코스트코는 괜히 그 제품 안 들여놔"라는 한마디가 수천 명의 구매를 이끄는 구조다.

공간 자체가 브랜드 경험을 만든다

광고 없는 브랜드는 고객의 감각에 더 민감해야 한다. 코스트코는 화려한 매장 디자인이나 음악, 연출 대신 매장의 넓은 통로, 팔레트 위에 그대로 쌓인 상품들, 대용량 중심의 진열 등으로 다른 마트와는 확연히 다른 분위기를 연출한다. 이 '일반적이지 않은 공간감'은 고객에게 단순한 쇼핑이 아니라, '무언가를 발견하는 탐험' 같은 경험을 제공한다. 특히 한정된 수량이나 시즌성 제품, 예측할 수 없는 배치 방식은 방문할 때마다 다른 풍경을 만들어내며, 그것 자체가 반복 방문을 유도하고 사람들끼리의 "이번에 뭐 나왔대?"라는 입소문 대화를 촉진시킨다.

구매 후기가 아닌 '체험 이야기'가 공유된다

코스트코에 대한 입소문은 단순한 제품 후기보다 훨씬 서사적이다. "갔는데 생각도 못한 블루베리 머핀을 한 박스 샀어", "거기 가면 양고기도 있어" 같은 이야기들은 정보 공유라기보다 브랜드가 만든 경험을 감정적으로 공유하는 일이다. 이때 고객은 더 이상 단순한 소비자가 아니라, 브랜드 체험을 전달하는 사람이 된다. 브랜드는 아무런 광고 없이도, 이런 '고객 주도형 콘텐츠'를 통해 메시지를 퍼뜨릴 수 있게 된다. 이 입소문은 유료 광고보다 신뢰도와 영향력이 훨씬 크고, 고객 스스로가 브랜드의 일원이 된 것 같은 연결감을 형성한다.

입소문은 신뢰의 총합이다

코스트코는 고객의 기대치를 낮게 잡지 않는다. 오히려 엄격한 반품 정책, 제한된 품목 수, 정기적인 품질 테스트 등을 통해 자신이 취급하는 제품에 대해 책임감을 가진다는 메시지를 전한다. 이러한 운영 철학은 고객에게 '이 브랜드는 실수하지 않는다', '문제가 생겨도 해결할 방법이 있다'는 신뢰를 형성하고, 고객은 이러한 태도를 지인에게 전하면서 '브랜드의 대변자' 역할을 하게 된다. 입소문은 결국 감탄이나 놀라움보다, 브랜드의 태도가 일관되게 반복된 결과로 생겨나는 감정이다. 그리고 그 감정은 조용히, 그러나 넓게 퍼진다.

광고가 없는 브랜드가 갖는 또 하나의 힘, 정직함

코스트코는 광고를 하지 않음으로써, 정보 비대칭 구조를 최소화하고 있다. 고객은 광고 문구나 시각적 조작이 아닌, 제품 자체와 매장의 구조, 가격표와 상품 진열 방식을 통해 브랜드를 경험한다. 이 투명한 시스템은 브랜드가 말하지 않아도 고객이 스스로 판단하게 만들며, 그 판단이 긍정적일수록 "이건 믿을 수 있어"라는 감정을 강화한다. 이런 브랜드는 오히려 말을 아낄수록 신뢰를 더 얻는다.

브랜드가 말하는 것보다, 고객이 말하는 것이 강하다

입소문은 단순히 "좋다"는 말을 넘어서, 브랜드에 대한 해석과 감정을 담아 전달된다. 코스트코는 그 해석을 고객에게 맡겼고, 그 결과 브랜드는 다양한 관점에서 소비자에게 의미를 가진다. 누군가에게는 '대용량 구매의 재미', 또 누군가에게는 '식재료의 신뢰', 누군가에게는 '혼자만 아는 브랜드'일 수 있다. 브랜드는 자기가 말하지 않았지만, 고객들이 각자 해석한 방식대로 퍼져나가며 그 존재를 확장한다. 입소문은 브랜드가 말하는 것보다 훨씬 정서적으로 강력한 설득력이 있다.

10

감성 언어로 브랜드를 이야기하다

사람은 이성보다 감정으로 더 많이 움직인다. 기능이 뛰어난 제품보다 나를 이해해주는 말 한마디가, 빠른 배송보다 하루를 위로해주는 메시지가 더 깊이 기억에 남는다. 브랜드가 차별화되려면 단순히 제품이나 서비스를 잘 만드는 것에 그치지 않고, 고객의 감정과 상황을 이해한 '언어'를 만들어야 한다. 특히 고객이 브랜드와 처음 마주치는 순간, 혹은 매일 반복되는 경험 속에서 브랜드가 건네는 말은 단순한 안내를 넘어 감정적인 연결을 만드는 통로가 된다. 감성 언어는 브랜드가 소비자에게 말을 거는 방식이며, 때로는 물리적 공간보다 더 강력한 인상을 남긴다.

마켓컬리, 감성으로 장을 보다

'샛별배송'이라는 단어로 유명한 마켓컬리는 단순한 식재료 배송 플랫폼이 아니다. 이 브랜드는 신선하고 안전한 식품을 전달하는 것을 넘어, 고객의 하루를 배려하고, 일상 속 '장보기'라는 행위를 감성적으로 재정의한 브랜드다. 고객은 마켓컬리에서 물건을 구매할 때, 단순히 '필요한 식재료를 주문한다'는 느낌보다, '하루의 시작을 준비하는 기분 좋은 일'을 하고 있다는 인상을 받는다. 이는 단지 빠른 배송 때문이 아니다. 마켓컬리가 일관되게 사용하는 '언어'. 제품 소개 문구, 알림 메시지, 이메일 제목, 포장 박스에 적힌 문장들까지 포함해, 마켓컬리는 언어를 통해 고객에게 감성적으로 다가간다.

제품 설명이 아닌 일상 속 한 문장

마켓컬리의 상품 페이지를 보면, 보통의 이커머스가 나열하는 재료명, 조리법, 용량, 가격 정보가 아니라, 한 줄의 감성적인 문장이 가장 먼저 눈에 들어온다. 예를 들어, '따뜻한 국물이 그리운 날, 정성껏 끓여낸 소고기무국' 같은 표현은 단순히 제품을 설명하는 것이 아니라, 고객의 '하루'를 상상하게 만든다. 이 한 문장은 제품에 대한 기능이나 성능보다 훨씬 먼저 소비자의 감정을 움직이고, 고객은 그 감정 상태 속에서 구매를 결정한다. 감성 언어는 정보의 전달을 넘어 경험을 설계하는 도구다.

배송 알림조차 감정적 연결이 되다

새벽에 도착하는 마켓컬리의 배송 알림 메시지는 대부분 이렇게 시작된다. "당신의 하루가 조금 더 부드럽게 시작되길 바랍니다." 단순히 '배송이 완료되었습니다'가 아닌 이 문장은, 고객의 마음에 아주 작지만 확실한 인상을 남긴다. 새벽이라는 시간대, 아직 잠에서 덜 깬 감각, 누군가 조용히 안부를 건네는 듯한 문장이 겹치면서 이 브랜드가 '사람을 배려한다'는 감정적 이미지가 형성된다. 이 감정이 반복되면, 고객은 마켓컬리를 하나의 '생활 동반자'로 인식하게 된다. 브랜드는 말 한마디로 공간처럼 기능할 수 있다.

포장 박스는 하나의 이야기 공간이다

마켓컬리의 배송 박스를 보면, 보랏빛 컬러와 함께 '이른 새벽, 당신의 하루가 시작되기 전에' 같은 문장이 인쇄되어 있다. 이 문장은 단순히 포장재가 아니라, 브랜드가 고객에게 건네는 작은 인사이자, 정체성을 말하는 방식이다. 고객은 그 문장을 보며 브랜드의 태도를 느끼고, 포장을 뜯는 행위가 하나의 감정적인 경험으로 이어진다. 브랜드는 눈에 보이지 않는 공간 안에서 감정의 언어로 고객을 맞이한다. 마켓컬리는 포장을 물리적 보호가 아닌, 감정의 통로로 재정의했다.

브랜드 언어가 고객의 기억에 남는 방식

마켓컬리의 감성 언어는 단지 따뜻하거나 부드러운 표현에 그치지 않는다. 그 언어는 항상 고객의 '상황'을 상상한 후에 구성되어 있다. 바쁜 직장인, 아이를 키우는 엄마, 혼자 살지만 따뜻한 밥을 먹고 싶은 1인 가구 등, 다양한 상황 속에 있는 사람들에게 말을 거는 방식은 다르되, 감정적으로 일관된다. 브랜드 언어는 상황에 따라 조정되

되, 말을 거는 태도는 변하지 않는다. 이것이 브랜드의 신뢰를 만든다. 단순한 감정 표현이 아니라, 일관된 공감이 반복될 때 고객은 그 언어를 브랜드의 정체성으로 받아들인다.

고객이 말하고 싶게 만드는 구조

마켓컬리는 고객이 경험한 '감정'을 스스로 언어로 표현하게 만든다. SNS나 커뮤니티에는 "오늘 아침 마켓컬리 박스를 열자마자 하루가 시작된 느낌이 들었어요", "식재료를 주문했는데 감정까지 포장돼서 왔네요" 같은 후기가 많다. 이는 브랜드가 감정적 언어로 고객에게 말을 걸었기 때문에 가능한 일이다. 고객은 자신이 받은 느낌을 언어로 바꿔 표현하고 싶어지고, 그 감정의 기록은 다시 입소문이 되어 브랜드를 확산시킨다. 말을 잘하는 브랜드는, 고객도 말하고 싶게 만든다.

공간 없이도 공간을 만든 언어의 힘

마켓컬리는 오프라인 매장이 없다. 그럼에도 고객은 이 브랜드에 대해 매우 강한 공간적 인상을 갖는다. 이유는 반복되는 감정의 경험이 머릿속에 공간처럼 자리 잡기 때문이다. '컬리 박스를 뜯는 순간', '배송 알림을 받는 새벽의 감정', '상품 페이지의 문장'들은 고객에게 일관된 정서를 형성하고, 그 정서의 축적이 곧 브랜드가 된다. 이는 감성 언어가 브랜드를 형성하는 매우 실질적인 방식임을 보여준다. 공간이 없는데도, 고객은 그 브랜드를 하나의 장소처럼 느낀다.

기능이 아닌 태도를 전하는 언어

마켓컬리는 제품에 대한 기능적인 표현보다, '이 제품이 당신에게 어떤 하루를 만들어줄 수 있는가'에 집중한다. 이는 모든 브랜드가 감성적으로 말해야 한다는 뜻이 아니다. 중요한 것은 브랜드가 고객에게 어떤 태도로 말을 거는가이다. 다정한 말 한마디는 제품보다 오래 남고, 기능적 메시지는 잊혀져도 감정적 언어는 기억에 남는다. 브랜드는 고객의 기억 속에 언어의 흔적으로 존재한다. 그리고 그 언어가 감정적으로 닿는 순간, 브랜드는 단순한 상표를 넘어선 '경험'이 된다.

11

톤을 지키는 콘텐츠의 일관된 힘

브랜드는 수많은 말로 구성된다. 제품 설명, 마케팅 문구, 광고 카피, SNS 콘텐츠, 알림 메시지까지. 이 모든 것들이 하나의 목소리로 들릴 때, 사람들은 그 브랜드를 신뢰하게 된다. 반대로 콘텐츠의 톤이 일관되지 않으면, 고객은 혼란을 느끼고 '정체성이 없는 브랜드'로 인식하게 된다. 결국 브랜드의 말투, 표현, 분위기, 감정의 결은 신뢰를 만드는 핵심 요소다. 콘텐츠의 일관된 톤은 브랜드가 오랫동안 고객의 기억에 남는 방식이며, 말의 디자인이 정체성을 만드는 결정적 무기다.

'핑프', 말투 하나로 정체성을 만든 브랜드

핑프(PingF)는 명확한 정체성을 가진 콘텐츠 기반 브랜드다. 라이프스타일, 사회, 관계, 감정, 커리어 등 다양한 주제를 다루는 콘텐츠 플랫폼이지만, 수많은 경쟁 콘텐츠 사이에서 자신만의 영역을 만들 수 있었던 가장 큰 이유는 콘텐츠의 '말투'. 즉, 브랜드의 톤과 매너(Tone & Manner)에 있다. 핑프는 처음부터 '재치 있고 날카롭지만, 절대 날을 세우지 않는 말투'를 브랜드의 핵심으로 삼았다. 이 말투는 모든 콘텐츠에서 유지된다. 콘텐츠가 짧든 길든, 설명이든 에세이든, 브랜디드 광고든 간에 브랜드의 톤은 흔들리지 않는다.

한 번 보면 기억에 남는 콘텐츠 스타일

핑프의 콘텐츠는 특정한 형식을 고수하지 않지만, 읽다 보면 '핑프 같다'는 감정이 생긴다. 그건 문장 구조나 단어 선택, 문장 끝의 어조에서 비롯된다. 예를 들어 "어쩌면 우리는 사랑보다 말이 어려운 시대에 살고 있는지도 몰라요"처럼 감정을 환기시키되 감상에 치우치지 않는 표현이 반복적으로 등장한다. 또는 "대충 살자는 말은, 열심히 살아본 사람만이 할 수 있는 말이에요" 같은 문장은 그들의 철학이 잘 담긴 문체의 전형이다. 이 말투는 무겁지 않으면서도 의미가 있고, 가볍지 않으면서도 부담스럽지 않다. 브랜드는 톤을 통해 콘텐츠의 양보다 인상을 남긴다.

콘텐츠마다 흔들림 없는 태도

핑프의 콘텐츠 주제는 다양하지만, 그 말하는 방식은 늘 같다. 분노를 다룰 때도, 위로를 할 때도, 유머를 던질 때도 감정의 진폭은 크지 않다. 대신 일정한 간격을 유지하며 독자의 감정을 안정적으로 이끈다. 브랜드가 감정을 조절하는 능력을 가졌다는 인식은 고객에게 신뢰를 만든다. 감정을 자극하는 방식이 아니라, 감정을 해석하고 정리해주는 방식이 콘텐츠의 일관성으로 작동한다. 이러한 감정적 안정감은 고객이 브랜드 콘텐츠를 자주 찾게 만드는 요인으로 작용한다.

일관된 톤은 마케팅보다 강한 설득력을 가진다

핑프는 광고 콘텐츠도 자기 톤으로 소화한다. 어떤 브랜드와 협업하더라도 핑프의 콘텐츠는 그들의 말투를 잃지 않는다. "이건 솔직히 좀 사야 해요. 왜냐하면, 예뻐서요." 같은 문장은 핑프식 광고 톤의 대표적인 예다. 이 말투는 소비자에게 '광고'라는 부담감을 줄이면서도, 브랜드가 믿고 있는 감각과 기준을 전한다. 이 일관된 톤이 누적될수록, 소비자는 브랜드가 무엇을 믿는지, 어떤 태도로 세상을 바라보는지 자연스럽게 이해하게 된다. 브랜드가 말하는 방식이 곧 브랜드의 세계관이 되는 것이다.

공간 없이도 일관된 세계관을 구축한 언어 구조

핑프는 물리적인 공간이 없다. 오프라인 매장도, 브랜드 공간도 없다. 그럼에도 고객은 핑프를 하나의 '공간'처럼 인식한다. 이유는 명확하다. 일관된 언어 톤이 감정의 공간을 형성하기 때문이다. 콘텐츠를 읽을 때마다 느껴지는 비슷한 분위기, 감정의 곡선, 표현의 결들이 하나의 공간처럼 작용하여 독자가 익숙함과 안정감을 느끼게 만든다. 브랜드의 물리적 공간은 없어도, 감성적 공간은 존재한다. 핑프는 언어로 그 공간을 설계했다.

고객은 톤을 기억한다, 브랜드는 감정을 유지해야 한다

고객은 브랜드의 말투를 기억한다. 톤은 단지 전달 방식이 아니라, 감정의 설계다. 핑프가 그려낸 '차분하면서도 단단한 말투', '무겁지 않지만 가벼워지지도 않는 어조'는 브랜드의 철학이기도 하다. 그리고 이 철학은 고객과의 관계를 지속시키는 핵심 자산이다. 브랜딩은 말로 시작해, 태도로 이어지고, 신뢰로 완성된다. 콘텐츠는 소비되지만, 그 콘텐츠의 말투는 고객의 기억 속에 오래 남는다.

초보 브랜드가 콘텐츠 톤을 설계할 때 알아야 할 점

브랜드의 톤은 '말을 잘하는 것'이 아니라, '항상 같은 방식으로 말하는 것'에서 시작된다. 처음엔 어색해도 괜찮다. 중요한 건 브랜드가 세상을 어떤 시선으로 바라보는지를 말투로 표현해내는 감각이다.

유쾌한 브랜드라면 유쾌한 어조를 유지해야 하고, 진지한 브랜드라면 감정을 흔들지 않는 언어로 신뢰를 유지해야 한다. 단지 콘텐츠의 수를 늘리는 것이 아니라, 콘텐츠의 톤을 지키는 것만으로도 브랜드는 깊은 인상을 남길 수 있다. 일관성은 단순함을 넘어, 브랜드의 진심으로 연결된다.

N

⑫

포트폴리오 하나로 시작된 브랜딩

처음 무언가를 시작할 때, 많은 사람들이 고민한다. "내가 가진 건 너무 작고 미완성인데, 과연 누가 이걸 봐줄까?" 하지만 역설적으로, 브랜드를 만드는 데 필요한 것은 아주 잘 만들어진 '하나'일 수 있다. 누군가가 마음을 담아 만든 콘텐츠 하나, 작업물 하나, 설명문 하나가 브랜드 전체의 시작이 될 수 있고, 그 하나가 일관성과 진정성을 갖고 있다면 고객은 그 한 점을 통해 브랜드 전체의 세계를 상상하게 된다. 포트폴리오는 단순한 이력서가 아니라, 브랜드가 자신을 설명하는 최초의 '공간'이 된다.

브랜드는 그 사람의 언어로 만들어진다, LETTA

'LETTA'는 국내보다는 해외에서 먼저 알려진 프리랜서 디자이너 브랜드다. 처음 시작은 단 하나의 온라인 포트폴리오였다. 웹사이트는 아주 간결했다. 흰 배경에 검은 텍스트, 이미지도 몇 장뿐이었지만, 이 포트폴리오는 단순한 작품 나열이 아니라, 하나의 시선으로 세계를 설명하는 일관된 구조를 가지고 있었다. 예를 들어, 제품을 소개하는 텍스트에는 기능 설명보다 "당신이 아침을 맞는 방식은 곧 하루의 리듬을 결정합니다" 같은 문장이 들어 있었다. 디자인 결과물은 기능적이지만, 포트폴리오에 담긴 설명은 감정적이었다. 이 정서적 시선과 시각적 미니멀함이 충돌 없이 조화를 이루며, 브랜드로서 LETTA라는 이름을 기억하게 했다.

'하나'가 브랜드가 되기까지의 과정

LETTA의 포트폴리오에서 가장 눈에 띄는 점은 '정보가 적다'는 것이었다. 일반적인 디자이너 포트폴리오처럼 경력이나 프로젝트 범위, 사용 툴 목록, 팀 구성 등은 없었다. 대신 작업에 대한 생각과 질문, 과정 중의 고민이 솔직하게 담겨 있었다. 예를 들어 하나의 타이포그래피 포스터를 소개하며, "왜 이 문장은 곡선을 따라야 하는가?"라는 질문으로 글이 시작되었고, 이어지는 설명은 철학적이기보다는 굉장히 실용적인 이야기였다. 이 콘텐츠 하나는 보는 이에게 'LETTA는 단순히 디자인을 잘하는 사람이 아니라, 디자인을 통해 세상과 대화하는 사람'이라는 인식을 남겼고, 그 인식이 곧 브랜드가 되었다.

공간 없이 브랜딩이 되는 구조

LETTA는 실제 매장도, 사무실도 없다. 하지만 사람들은 그의 포트폴리오 사이트를 '하나의 브랜드 공간'처럼 기억한다. 이유는 명확하다. 포트폴리오가 단순한 결과물 전시가 아니라, 감정과 태도, 시선을 함께 담아낸 설계된 공간이기 때문이다. 흰 배경에 떠 있는 이미지와 문장, 여백, 그리고 클릭마다 이동하는 흐름은 물리적 공간만큼이나 브랜드를 경험하게 만든다. 브랜드가 반드시 매장을 통해 형성되는 것이 아니라는 점을 LETTA는 보여줬고, 이는 초보 창업자나 프리랜서에게 매우 중요한 시사점을 남긴다. 작업 공간이 없어도, 표현 공간이 존재하면 브랜드는 충분히 설계될 수 있다.

디자인보다 관점이 먼저 보이는 콘텐츠

LETTA의 콘텐츠는 비주얼 중심이지만, 시선을 끄는 건 오히려 그 아래 적힌 짧은 문장들이다. "무언가를 새로 만든다는 건 결국 무언가를 버리는 일에서 시작된다", "모든 선은 말투다" 같은 문장은 디자인 결과물보다 더 오래 기억에 남는다. 브랜드는 기능이 아니라 관점으로 차별화되며, 그 관점을 감각적으로 표현해낼 수 있을 때 브랜드는 '태도'를 갖는다. LETTA는 이 '태도'로 브랜드를 만든 셈이고, 콘텐츠 하나하나가 모여 일관된 세계관을 형성하면서 단지 '작업자'가 아닌 '브랜드'로 자리매김할 수 있었다.

포트폴리오가 브랜드 철학을 담는 방식

LETTA는 외부 미디어 노출이 거의 없고, SNS도 최소한으로 운영하지만, 포트폴리오 웹사이트는 늘 정리되어 있다. 이 정리는 단지 보기 좋게 구성하는 것이 아니라, 브랜드의 생각이 흐트러지지 않도록 유지하는 장치. 새로운 프로젝트가 추가될 때마다 기존 작업들과 어울리도록 텍스트의 톤, 이미지 스타일, 제목 구성 등을 조정하며, 그 과정에서 브랜드의 언어가 계속해서 다듬어진다. 포트폴리오는 그래서 그 자체로 브랜드의 철학을 지속적으로 표현하고, 조율하는 공간이 된다.

사람은 기억할 수 있는 인상을 브랜드로 여긴다

LETTA의 경우처럼, 단 하나의 작업이라도 인상적이라면 그것은 브랜드가 될 수 있다. 사람들이 어떤 브랜드를 떠올릴 때 그 전부를 기억하진 않지만, 단 한 장의 이미지, 한 문장, 한 번의 방문 경험으로 전체 이미지를 떠올리는 것처럼, 포트폴리오도 마찬가지다. 일관된 톤과 스타일, 생각의 깊이를 느낄 수 있는 콘텐츠 하나는 사용자에게 '이 사람은 이런 브랜드를 지향하는구나'라는 감정을 남기고, 그것이 쌓이면 단단한 브랜드 정체성이 된다.

브랜딩은 포트폴리오 하나에서 시작된다

브랜드를 구축하기 위해 수십 개의 콘텐츠, 화려한 디자인, 대규모 프로젝트가 반드시 필요한 건 아니다. 오히려 감정이 담긴 콘텐츠 하나가, 그 브랜드의 시작점으로서 훨씬 강력한 작용을 한다. LETTA는 이를 증명한 사례다. 그가 만든 포트폴리오 하나는 단지 자신을 소개하는 자료가 아니라, 하나의 감각적 세계관이었고, 그 안에서 고객은 공감하고 신뢰하고 기대하게 되었다. 브랜드는 결국 기억이고, 기억은 '하나의 강한 인상'에서 시작된다.

13

불편을 발견하고 해결로 이끈 사례

모든 차별화는 결국 '다른 선택'을 만드는 일이다. 그 다른 선택은 때로는 특별한 기술에서 나오기도 하지만, 많은 경우 아주 일상적이고 사소한 불편에서 시작된다. 브랜드는 바로 그 불편함을 먼저 감지하고, 그것을 고객의 언어로 바꾸고, 다시 새로운 기준으로 제시하는 과정을 통해 차별화된다. 중요한 건 거대한 문제를 해결하려는 야망이 아니라, 고객이 늘 느끼지만 말로 설명하지 못했던 불편을 먼저 발견하고, 그 감정을 '브랜드의 시작점'으로 삼는 태도다.

슬로우앤드, 불편에서 시작된 여성의류 브랜드

'슬로우앤드(Slowand)'는 20대 여성들을 중심으로 온라인에서 빠르게 입소문을 탄 브랜드다. 특별히 디자인이 독보적이거나, 연예인 협찬을 받거나, 대형 마케팅을 펼친 브랜드는 아니다. 오히려 이 브랜드는 '왜 여성의류는 예쁜데 불편할까?'라는 질문에서 시작되었다.

창립자는 본인이 직접 겪은 일상의 불편함, 이를테면 몸에 맞지 않는 치수나 얇은 원단, 비효율적인 포켓 구성, 지나치게 화려한 디자인에만 집중된 제품 구조 등을 경험했다. 그는 이 불편함을 해결하기 위해 옷을 직접 만들기 시작했고, 그렇게 만든 제품 하나하나가 결국 브랜드의 시작이 되었다.

'조금만 다르게 만들면 더 좋아질 것 같은' 감각

슬로우앤드의 옷은 겉보기엔 평범하다. 심플한 티셔츠, 정직한 핏의 청바지, 군더더기 없는 셔츠. 하지만 그 옷들을 입은 사람들은 말한다. "이건 입었을 때 불편하지 않다", "과하게 꾸민 느낌 없이 자연스럽다." 이 미묘한 차이는 바로 사용자의 생활 속 감각을 먼저 고려한 설계에서 나온다. 예를 들어, 티셔츠는 목둘레가 너무 조이지 않지만 쉽게 늘어나지도 않고, 바지의 허리는 편안하면서도 처지지 않도록 구조를 조정했다. 브랜드는 화려한 혁신보다, 생활의 흐름을 거스르지 않는 정직한 개선을 선택했다. 이 조용한 차별화는 사람들의 일상에서 오래 기억되었다.

피팅 모델이 아닌 '실제 소비자'가 콘텐츠가 되다

슬로우앤드는 상품 촬영에 일반 고객들을 자주 등장시킨다. 다양한 체형, 다양한 키, 다양한 상황 속 인물들이 직접 제품을 착용하고 후기를 남기며, 브랜드는 그 콘텐츠를 중심으로 제품 페이지를 구성한다. 이는 단순한 제품 후기를 넘어서, 고객의 '불편이 해소된 경험'을 시각화한 전략이다. 예쁜 옷보다 "이 바지, 앉을 때 배에 하나도 안 눌려요"라는 말이 더 강력한 이유는, 그것이 직접적인 문제 해결의 증거이기 때문이다. 슬로우앤드는 콘텐츠 자체를 고객의 삶 속에서 구성하고, 그 안에 문제 해결의 과정을 자연스럽게 녹였다.

불편함은 기능이 아니라 감정에서 시작된다

사람들은 옷이 작다거나 불편하다고 느낄 때, 단순히 신체 사이즈의 문제가 아니라 '내가 배제된 기분', '누군가 나를 고려하지 않았다는 인식' 때문에 감정적인 거리감을 느낀다. 슬로우앤드는 이 감정을 읽어냈고, 사이즈 다양화, 상세한 실측 정보 제공, '핏' 중심 설명 강화 등을 통해 소비자가 자신을 고려받고 있다는 느낌을 받을 수 있도록 설계했다. 옷 한 벌이 단지 상품이 아니라, '브랜드가 나를 어떻게 보고 있는가'를 보여주는 메시지로 작용하게 된 것이다. 불편함을 해결하는 순간, 고객은 제품보다 태도를 기억한다.

디자인보다 디테일, 트렌드보다 지속성

슬로우앤드의 제품은 유행을 따라가되, 맹목적으로 쫓지 않는다. 브랜드가 고수하는 핵심은 '편안하면서도 오래 입을 수 있는 구조'다. 실제로 고객 리뷰 중 "작년에도 샀는데, 올해 또 사요"라는 표현이 자주 등장한다. 이는 제품의 수명이 길다는 뜻이기도 하지만, 더 나아가 브랜드가 고객의 감정을 안정시켜줬다는 의미이기도 하다. 이 신뢰는 단순히 품질에서 오지 않는다. 브랜드가 소비자의 불편함을 꾸준히 듣고, 반영하고, 개선해왔다는 일관된 태도에서 비롯된다. 슬로우앤드는 단기적 만족이 아닌, 지속가능한 편안함을 약속하는 브랜드로 자리잡았다.

포장재, 설명 문구, 모델 선택까지 연결된 감정 설계

슬로우앤드는 제품뿐만 아니라, 포장부터 설명 문구까지 브랜드의 '문제 해결 중심 사고'를 일관되게 유지한다. 예를 들어, 포장재는 과도한 비닐을 줄이고, 개별 옷마다 구김 방지와 통기성을 고려해 천으로 구성된 간단한 포장백을 사용한다. 설명 문구 역시 "과하지 않은 핏으로 데일리하게 입을 수 있어요"라는 식으로 고객의 실제 고민에 맞춰진 언어를 사용한다. 브랜드는 어떤 요소도 놓치지 않고, 소비자가 '배려받고 있다'고 느끼는 순간을 콘텐츠로 만드는 데 집중했다. 결과적으로 브랜드는 말하지 않아도 '불편함을 미리 해결해주는 브랜드'로 인식된다.

불편을 발견하는 감각은 브랜드의 무기가 된다

슬로우앤드는 거창한 문제 해결자가 아니다. 하지만 이 브랜드는 고객이 언젠가 포기했던 작고 사소한 불편들을 집요하게 관찰했다. 그리고 그것을 외면하지 않고 제품으로 해결하려고 시도했다. 고객은 그것을 정확히 알아본다. 브랜드가 실수를 해도 용서해주는 이유, 다른 선택지가 있어도 다시 돌아오는 이유는 그 브랜드가 '나의 불편을 진심으로 고민해주는 곳'이라는 감정적 연결 때문이다. 불편을 발

견하는 감각, 그리고 그것을 해소하려는 태도는 곧 브랜드의 무기가
된다.

⑭
기술에 감성을 입힌 사용자 경험

우리가 어떤 앱을 처음 사용할 때 느끼는 인상은 그 기능의 숫자나 속도보다, 그것이 얼마나 '자기 삶에 맞게 작동하는가'에 달려 있다. 기능이 아무리 많아도 복잡하게 느껴지면 외면하게 되고, 반대로 단순한 기능이라도 나의 일과, 나의 감정, 나의 습관과 맞물리면 금세 빠져든다. 바로 그 지점에서 사용자 경험의 차별화가 시작된다. 기술이 감정을 고려하지 않으면 단순한 도구에 불과하지만, 기술 위에 감성을 입히면 그것은 브랜드의 철학이 된다. Notion(노션)은 그 대표적인 사례다.

노션은 왜 '기분 좋은 도구'로 느껴질까
노션은 기능만 놓고 보면 워드, 엑셀, 노트, 캘린더, 프로젝트 관리 등 여러 앱을 통합한 형태다. 그런데 이상하게도 사용자는 노션을 '툴'이 아니라 '나만의 공간', '머릿속 생각을 정리하는 방'처럼 표현한다. 이유는 간단하다. 노션은 사용자가 기술을 통제하는 느낌을 주기 때문이다. 템플릿을 고르고, 아이콘을 바꾸고, 페이지 배치를 손으로 조정하면서 사용자는 기능이 아니라 '분위기'를 만들어간다. 노션은 기술적 도구임에도 불구하고, 그 위에 감성적인 설계 여지를 충분히 남겨두었다.

UX가 아닌 감정 흐름을 설계하다

노션의 화면은 굉장히 단순하다. 처음 열면 하얀 페이지 하나가 전부다. 아무런 설명도 없이 깔끔한 공간만 제공되지만, 사용자는 그 공간 위에 자신만의 글쓰기, 메모, 업무, 공부, 회의 기록 등을 자유롭게 얹는다. 중요한 건 이 자유도가 혼란으로 이어지지 않는 방식으로 설계되었다는 것이다. 기능을 강요하지 않고, 사용자가 알아서 채워갈 수 있도록 '가볍게 열린 문' 같은 구조를 갖고 있다. 이것이 노션을 단순한 앱이 아니라 '나를 표현할 수 있는 여백이 있는 공간'으로 인식하게 만든다.

기술보다 정서적 편안함을 먼저 주는 인터페이스

노션은 버튼 하나에도 감성을 고려한다. 단축키와 드래그 앤 드롭, 링크 생성 같은 고급 기능도 많지만, 그 과정이 어렵게 느껴지지 않도록 시각적 피드백과 애니메이션이 매우 절제되어 있다. 마우스를 가져갔을 때 부드럽게 뜨는 도구 상자, 한 글자 타이핑했을 때 바로 따라오는 명령어 추천, 모든 UI 요소에 담긴 '딱 필요한 만큼의 정보'

가 사용자를 심리적으로 편안하게 만든다. 이는 기술이 감정을 방해하지 않고 조용히 조율해주는 설계 덕분이다. 사용자는 기술을 쓰는 게 아니라, 자연스럽게 써진다고 느끼게 된다.

템플릿이 아니라 감정 기반 공간 만들기

노션은 다양한 템플릿을 제공하지만, 사용자는 그 템플릿을 단순히 불러오는 것보다 자기만의 리듬으로 고치고 꾸미고 구성하게 된다. 이 과정에서 앱은 더 이상 정해진 틀을 제공하는 도구가 아니라, '나를 알아주는 공간'이 된다. 여기서 기술은 배경으로 물러서고, 감정이 전면으로 떠오른다. 사용자는 작업의 효율성보다도 '정리하는 기분이 좋다', '이 공간에 글을 쓰고 싶다'는 감각적 충동을 중심으로 노션을 반복해서 열게 된다. 감정이 제품 사용의 이유가 되는 순간, 기술은 브랜드의 얼굴이 된다.

일하는 공간에서 사적인 감성을 허용한 UX

노션은 업무 도구이면서도 '개인스러운 감정'을 배제하지 않는다. 커버 이미지, 이모지 아이콘, 배경 색상, 글꼴 선택 등 다양한 감성적 커스터마이징 요소가 업무 효율성과 전혀 충돌하지 않는다. 오히려 사용자들은 "이건 나를 위한 앱 같다", "내가 만든 다이어리에 가까운 도구"라고 말한다. 기술적으로는 협업 툴이지만, 심리적으로는 '일과 감정이 함께 머무는 방'처럼 느껴진다. 이는 노션이 브랜드 차원에서 사용자의 감정 리듬과 기술 기능을 조화시키는 사용자 경험을 설계했기 때문이다.

기술보다 기억에 남는 건, 감정적 여운

노션은 많은 기능을 갖고 있지만, 사용자들은 '이 기능이 대단하다'고 말하지 않는다. 대신 "이 앱은 쓰는 기분이 좋아요", "노션 안에 들어오면 정리되고 안정돼요" 같은 표현을 쓴다. 이는 곧 감정 중심의 사용자 경험이 기술적 기능보다 더 강한 인상을 남긴다는 증거다. 복잡한 기능보다 부드러운 리듬, 고사양보다 단순한 구성, 설명보다 감각적인 피드백이 브랜드를 '기억하게' 만든다. 노션은 기술을 직접 설명하지 않아도, 사용자에게 '잘 설계된 감정 경험'으로 인식된다.

기술이 아니라 감성이 브랜딩을 완성한다

노션은 정밀한 기술 기반 제품이지만, 사용자는 그것을 감정적으로 경험한다. 이 감정은 사용자가 매일 마주하는 흐름, 타이핑할 때의 감각, 페이지를 정리할 때의 성취감에서 비롯된다. 기술은 도구지만, 그 도구가 사용자의 감정 흐름에 자연스럽게 녹아드는 순간, 브랜드는 기능적 장점보다 훨씬 큰 유대를 만들어낸다. 그리고 이 감정적 유대는 충성도 높은 사용자 경험의 핵심이 된다. 감성을 설계한 기술만이, 오래 기억되는 브랜드로 남는다.

15

한 가지 주제로 몰입해 얻은 신뢰

브랜드가 너무 많은 걸 하려고 할 때, 사람들은 오히려 아무것도 기억하지 못한다. 반대로 하나의 분야, 하나의 주제에 깊이 몰입한 브랜드는 작고 단순해 보여도 오랫동안 기억된다. 신뢰는 규모보다 집중에서 생긴다. 그리고 그 집중이 꾸준히 반복될 때, 브랜드는 더 이상 하나의 제품이나 공간을 넘어 '믿을 수 있는 태도'로 자리잡는다. 몰입은 단순한 전문성이 아니라, 고객에게 보여주는 일관된 태도의 결과다. "이 브랜드는 결국 이것을 말하고자 하는구나"라는 인식이 쌓일 때, 브랜드는 다른 선택지와 구별되는 힘을 갖게 된다.

브룩스 카페, 커피 한 잔으로 쌓아올린 세계

도쿄 외곽 작은 골목 안에 자리한 '브룩스 카페'는 화려한 인테리어도, SNS 마케팅도, 특별한 콜라보레이션도 없다. 그저 커피 하나에 몰입한 브랜드다. 메뉴는 단출하다. 핸드드립 커피 3종, 쿠키 한

가지, 그리고 매일 바뀌는 '오늘의 블렌드'가 전부다. 처음 이곳을 찾은 사람들은 '이렇게까지 단순한가' 하고 놀라지만, 커피를 마셔본 뒤엔 또 다른 방식으로 놀란다. 입에 머금는 순간 느껴지는 커피의 밀도, 커피를 내리는 바리스타의 조용한 손짓, 컵이 놓이는 소리마저 신중한 공간은 단순한 음료 판매점을 넘어서 하나의 몰입된 세계처럼 느껴진다.

선택이 적은 대신, 집중이 있다

브룩스 카페는 메뉴가 적지만, 고객은 오히려 이 브랜드가 '정말 커피에 집중하고 있다'는 신뢰를 받는다. 예를 들어 '에티오피아 내추럴' 한 종을 위해 다섯 가지 추출 방식을 실험했고, 물의 온도와 물줄기 각도까지 매일 기록해 조정한다. 이 모든 과정이 고객에게 드러나지는 않지만, 컵에 담긴 맛에서 전해진다. 고객은 설명을 듣지 않아도 이 커피는 '신중하게 다뤄진 커피'라는 인식을 경험적으로 체득한다. 즉, 브랜드는 말하지 않아도 몰입된 태도로 신뢰를 전달한다.

몰입은 공간을 정제시킨다

이 브랜드의 공간은 조용하다. 음악도 잔잔하고, 의자 수도 많지 않다. 테이블마다 놓인 메뉴판은 손글씨로 쓰여 있고, 커피에 대한 설명은 한두 문장으로만 정리되어 있다. 브랜드는 고객이 선택에 방해받지 않도록 정보를 최소화했고, 오히려 그 여백이 공간을 더 깊게 만든다. 공간의 정제는 몰입의 결과다. 브랜드가 한 가지에 집중할수록 고객은 더 넓은 감정의 여지를 느끼고, 그 안에서 브랜드의 철학과 마주하게 된다. 단순한 공간이 오히려 강한 인상을 남기는 이유다.

몰입은 작은 반복에서 증명된다

브룩스 카페는 오픈 초기부터 지금까지 핸드드립을 고수해왔다. 머신 한 대 없이, 매일 아침 직접 분쇄하고, 계량하고, 내리는 작업이 반복된다. 고객은 매일 같은 과정을 거쳐 만들어진 커피를 마시면서, 그 안에서 브랜드가 얼마나 이 한 가지에 집중해 있는지를 직관적으로 느낀다. 이것은 기능적 퀄리티를 넘어서, 브랜드가 자신의 선택에 책임을 지고 있다는 신호다. 브랜드는 복잡한 설명 없이, 꾸준한 태도로 몰입을 증명한다.

고객은 다양성보다 방향성에 끌린다

많은 브랜드는 더 많은 선택지를 제공해야 고객이 만족한다고 생각한다. 하지만 브룩스 카페는 반대다. 고객은 이곳에 올 때마다 어떤 메뉴가 있는지 묻지 않는다. 오히려 "오늘의 블렌드는 뭐예요?"라고 묻는다. 이 질문은 브랜드가 제공하는 단 하나의 선택지를 신뢰하고 있다는 의미다. 몰입된 브랜드는 고객에게 '선택의 피로'를 주지 않는다. 대신 브랜드가 정한 방향을 믿고 따라가게 만든다. 고객은 이 믿음 안에서 편안함을 느끼고, 그것이 브랜드 충성도로 이어진다.

브랜딩은 말보다 태도의 누적이다

브룩스 카페는 브랜드 슬로건이나 철학을 전면에 내세우지 않는다. "우리는 정직한 커피를 만듭니다" 같은 문구조차 없다. 하지만 고객은 그 공간에서, 그 커피 한 잔에서, 직원의 말투와 동작에서 브랜드의 철학을 읽는다. 브랜드는 결국 태도의 누적으로 만들어진다. 그리고 그 태도는 하나의 주제에 몰입함으로써 가장 선명하게 전달된다. 브랜드가 하나의 주제를 일관되게 밀고 나갈 때, 사람들은 그 안에서 '신뢰'를 읽게 된다.

하나의 주제가 전체 인상을 만든다

브룩스 카페의 사례는 초보 브랜드가 무엇에 몰입해야 할지를 잘 보여준다. 다양한 상품, 화려한 마케팅, 큰 스케일보다 중요한 건 자신이 정말로 집중하고 싶은 '하나의 주제'를 정하고, 그 안에서 얼마나 깊게 들어가느냐다. 몰입은 콘텐츠의 수가 아니라, 감정의 밀도에서 나타난다. 브랜드는 결국 기억이고, 기억은 '한 가지 감정적으로 깊이 각인된 경험'에서 시작된다. 한 가지에 몰입할 수 있는 용기, 그것이 진짜 브랜드를 만든다.

16

새로운 채널로 만든 자기 PR 공간

누군가가 나를 처음 발견하는 경로는 이제 예전과 다르다. 오프라인에서 누군가의 소개를 통해 알게 되는 경우보다, 검색 한 번 혹은 스크롤 한 번으로 누군가를 접하게 되는 시대다. 이 말은 곧, 내가 어떤 채널 위에 존재하고 있는가가 곧 나의 첫인상이 된다는 의미다. 아무리 좋은 제품, 깊은 생각, 정교한 기술이 있어도 그걸 보여줄 '창구'가 없다면 세상은 존재조차 알지 못한다. 그래서 자기 PR이란 거창한 광고가 아니라, '어디에 나를 어떻게 위치시킬 것인가'에 대한 전략이다. 여기서 채널은 단순한 수단이 아닌 '나를 담는 공간'이며, 그 공간 자체가 브랜딩이 된다.

김미경TV, 강연장에서 디지털 무대로 옮겨온 자기 PR의 진화

김미경은 이미 한국에서 손꼽히는 강연자 중 한 명이었다. 수많은 무대에서 명료하고 강한 어조로 수많은 사람들에게 메시지를 전달해왔다. 하지만 '강연자'라는 이미지에는 늘 한계가 있었다. 특정 장소와 시간에 초청되어야만 메시지를 전달할 수 있다는 구조 때문이었다. 그런 구조를 스스로 깨뜨린 것이 바로 유튜브 채널 '김미경TV'였다. 시작은 단순했다. 기존 강연 영상 일부를 편집해 업로드하거나, 짧은 인터뷰 클립을 올리는 수준이었다. 그러나 이내 채널은 기존 오프라인 강연과는 다른 성격을 가지기 시작했다. 강연자가 아니라 '한 사람의 인생 경험자'로서 자신을 PR하는 공간이 된 것이다.

전달이 아닌 공유, 스피커에서 사람으로

오프라인 무대에서의 강연자는 기본적으로 일방적인 구조를 갖는다. 강연자는 말하고, 청중은 듣는다. 그러나 유튜브 채널에서는 그 구도가 바뀐다. 김미경TV는 단순히 강의 영상을 올리는 것이 아니라, '내가 요즘 이런 생각을 하고 있어요', '이 일에 이렇게 반응했어요'라는 방식의 브이로그적 구성을 도입했다. 특히 팬들과의 댓글 소통, Q&A 콘텐츠, 실시간 스트리밍 등은 강연자가 아닌 '한 명의 언니', '인생 선배' 같은 존재감으로 인식되게 했다. 이 변화는 PR의 방향을 바꿨다. 전달에서 관계로, 지식에서 감정으로, 명사에서 사람으로.

채널이 곧 브랜드 공간이 되다

김미경TV는 단순히 영상이 쌓이는 채널이 아니라, 브랜드 철학이 축적되는 공간이 되었다. 매 영상은 각각 독립적인 콘텐츠이지만, 전체적으로 보면 '스스로 삶을 살아내고 있는 한 사람의 메시지 아카

이브'처럼 느껴진다. 이 감정적 아카이빙은 시청자에게 안정감과 친밀함을 준다. 또한 채널 디자인, 영상 썸네일, 제목의 말투까지도 일관된 톤을 유지하며, 브랜드 이미지의 정합성을 높인다. 이 공간은 전통적인 오피스나 오프라인 매장이 없더라도, 온라인에서 브랜드를 경험할 수 있는 '가상의 브랜드 매장' 역할을 한다.

자기 PR은 기술이 아니라 태도다

김미경TV는 고급 장비나 스튜디오가 아닌, 집 거실이나 사무실 책상 앞에서 촬영한 영상도 많다. 카메라 구도나 조명보다 중요한 건 그 안에 담긴 말의 진정성과 태도였다. 이 점에서 자기 PR의 본질이 기술이 아닌 태도임을 보여준다. 특히 변화하는 시대에 대한 민감한 반응, 새로운 사회적 이슈에 대한 개인적 시선, 실패담과 반성까지도 솔직하게 공유하며 채널은 단순한 정보 전달 공간이 아닌 '감정을 공유하는 공간'으로 발전했다. 이는 자기 PR이 단순히 강점을 부각하는 것이 아니라, 신뢰를 형성하는 정직한 기록임을 의미한다.

콘텐츠는 자기 브랜드의 거울이 된다

유튜브 콘텐츠 하나하나는 일종의 디지털 명함이다. 김미경TV는 강연자의 정체성을 유지하면서도, 콘텐츠 주제에 따라 다양한 역할을 수행한다. 커리어 코칭, 인생 조언, 심리적 위로, 사회적 메시지 등, 각 영상은 브랜드의 시야와 철학이 어떻게 현실과 맞닿아 있는지를 보여준다. 이것은 단순히 정보를 주는 콘텐츠가 아니라, "이 사람은 어떤 세상을 지지하고 어떤 가치로 살아가는가"를 말해주는 자기 PR의 수단이다. 콘텐츠 하나하나가 브랜드의 거울이 된다면, 그 콘텐츠의 방향성과 언어는 전략적으로 설계되어야 한다.

PR의 시대는 끝났고, 'PR 공간'의 시대가 왔다

예전에는 PR이란 단어 자체가 외부 매체에 소개되는 일로 여겨졌다. 하지만 지금은 자기 자신이 채널이자 플랫폼이 되는 시대다. 김미경TV는 바로 이 흐름에 자연스럽게 올라탔다. 강연장에서의 메시지는 그 순간 사라지지만, 유튜브 채널의 영상은 오랜 시간 쌓이고 검색되고 반복 재생된다. 그 지속성은 브랜드 정체성을 더 단단히 만든다. 자기 PR이란, 더 이상 한 번의 이벤트가 아니라 지속적인 공간 설계의 결과다.

누구든 '나만의 채널'을 만들 수 있다

이 사례가 특별한 이유는 김미경이라는 사람의 이름값 때문이 아니라, 그가 '디지털 공간을 자기 목소리로 설계한 첫 세대' 중 한 명이기 때문이다. 더 이상 대단한 커리어, 유명세, 장비가 필요하지 않다. 오히려 중요한 건 '무엇을 말하고 싶은가', '그 말이 누구에게 닿기를 원하는가', '그걸 어떻게 말할 것인가'라는 질문들이다. 새로운 채널은 그 질문들에 대한 답을 담는 그릇이고, 자기 PR은 그 그릇을 채워가는 과정이다.

17

실패를 자산으로 전환한 리포지셔닝

누군가는 실패를 피해야 할 낙인으로 여긴다. 또 누군가는 실패를 숨긴 채 성과만을 드러내고 싶어 한다. 그러나 때로는 실패야말로 브랜드의 가장 강력한 무기가 된다. 중요한 건 실패 자체가 아니라 그 실패를 어떻게 해석하고, 어떤 방식으로 브랜드 스토리에 편입시키는가다. 실패는 기억에 남지만, 반복된 태도는 신뢰를 만든다. 그리고 이둘이 결합될 때, 브랜드는 단순한 '상품'이 아니라 '철학을 가진 존재'로 리포지셔닝된다. 다이슨(Dyson)은 바로 그런 브랜드다.

다이슨, 실패의 숫자를 정체성으로 만든 브랜드

제임스 다이슨은 1978년, 진공청소기를 처음 해부하면서 이상하다고 느꼈다. 필터가 먼지로 막히면 흡입력이 급격히 떨어지는 구조였다. 그는 '먼지를 걸러내지 말고, 날려버릴 수는 없을까?'라는 질문에서 출발해 싸이클론 기술에 집중하기 시작했다. 그렇게 만들어진 프로토타입이 무려 5,126개. 즉, 5,125번의 실패가 있었다. 이 숫자는 단지 개발 실패의 횟수가 아니라, 다이슨 브랜드가 '문제를 해결하는 방식'을 설명하는 서사이자 정체성의 뿌리가 되었다.

실패가 리스크가 아닌 신뢰가 된 과정

보통 브랜드는 오류나 실패를 소비자에게 보여주지 않으려 한다. 그러나 다이슨은 오히려 "완성된 제품은 없고, 계속 나아가는 제품만 있다"는 철학을 앞세운다. 출시 이후에도 기술 개선을 반복하며, 심지어 자사 홈페이지나 광고물에 "우리는 계속 실험 중입니다"라는 문장을 기꺼이 포함시킨다. 소비자들은 처음엔 낯설어했지만, 곧 이 브랜드가 '완벽한 것이 아니라, 완성을 향해 진심인 브랜드'라는 인식을 갖게 되었다. 실패를 숨기는 대신, 지속적인 개선의 증거로서 투명하게 드러낸 방식이 오히려 고객과의 감정적 신뢰를 형성했다.

제품이 아니라 태도를 파는 리포지셔닝

다이슨은 처음엔 진공청소기 회사로 알려졌지만, 지금은 '생활 기술 브랜드'로 인식된다. 공기청정기, 헤어드라이어, 조명, 심지어 전기차 개발까지 손을 뻗었다. 이 과정에서 중요한 건 '기술력'보다 '문제를 해결하려는 태도'의 일관성이다. 다이슨은 어떤 분야든 똑같은 방식으로 접근한다. 시장의 불편한 지점을 포착하고, 그것이 개선될 수 있는 기술적 지점을 파고들며, 실패를 감수하되 기록하고 개선해나간다. 이 태도가 브랜드 전체를 하나의 세계관으로 만들었고, 제품

군이 달라져도 브랜드 신뢰는 계속 이어지게 되었다. 이것이 리포지셔닝의 본질이다. 제품을 바꾸지 않고도, 브랜드 인식을 확장하는 전략이다.

공간까지 확장된 브랜드 철학

영국에 있는 다이슨 캠퍼스는 단순한 사무 공간이 아니다. 연구자들이 3D 프린터로 시제품을 만들어보고, 데이터 분석가와 디자이너가 협업할 수 있는 실험실이 곳곳에 배치되어 있다. 이 공간은 실패를 기록하고, 다시 설계하는 문화를 시각화한 구조다. 사무실 벽에는 실패했던 제품 설계도가 일부러 전시되어 있고, 실패한 시제품을 해체해놓은 공간도 있다. 브랜드는 제품뿐 아니라 일하는 방식, 공간의 분위기, 내부 커뮤니케이션까지 하나의 메시지. "실패는 곧 진화의 일부"를 공유하도록 만들었다.

실패의 반복은 브랜딩의 자원이 된다

브랜드는 말보다 행동으로 기억된다. 다이슨은 반복된 실패에도 흔들리지 않았고, 그 실패의 기록을 감추지 않았다. 오히려 그 기록이 브랜드의 정직함과 치열함을 증명해주는 서사로 기능했다. "왜 이렇게 비싼데도 다이슨을 사는가?"라는 질문에 많은 소비자들이 "믿고 쓰니까요"라고 답하는 이유는, 단순한 기능이 아니라 실패를 통한 성실한 개선의 흔적을 브랜드가 누적시켜왔기 때문이다. 브랜드의 본질은 완벽이 아니라, 방향성과 진정성이다.

초보 브랜드에게 필요한 건 '결과'보다 '기록'이다

다이슨의 사례가 우리에게 주는 가장 큰 시사점은 이것이다. 처음 시도한 결과가 실패로 끝났다고 해서 그것이 '쓸모없는 실패'는 아니라는 것. 중요한 건 그 실패를 어떻게 설명하고, 어떻게 다음 행보의 디딤돌로 만드는가다. 모든 브랜드는 실패할 수 있다. 하지만 그 실패를 철저히 분석하고, 고객과의 관계 안에서 투명하게 설명하며, 다음 제품에 개선의 흔적으로 반영할 수 있다면, 실패는 브랜드의 신뢰 자산이 된다. 고객은 성공보다 진심을 기억한다. 리포지셔닝은 브랜드의 과거를 지우는 게 아니라, 그 과거를 새롭게 해석하고 연결하는 일이다.

18

상품에 철학을 담아낸 기획 방식

우리는 흔히 상품을 필요에 따라 만든다고 생각한다. 소비자가 원하는 기능을 충족시키고, 예산 안에서 만들 수 있는 재료를 조합해 가격대를 맞추는 것이 일반적인 기획의 방식이다. 하지만 누군가는 그와 정반대의 순서를 선택한다. 먼저 "우리는 어떤 세상을 지지할 것인가"를 묻고, 그 대답을 제품이라는 형태로 번역한다. 그럴 때 제품은 기능을 넘어서 메시지가 되고, 브랜드는 단순한 판매자가 아니라 철학을 실천하는 존재로 자리 잡는다. 파타고니아는 바로 그런 방식으로 브랜드를 구축한 대표적 사례다.

파타고니아, 제품 이전에 신념이 존재하는 브랜드

파타고니아는 아웃도어 브랜드다. 그러나 시장에서 이 브랜드를 기억하는 사람들 대부분은 옷의 품질이나 디자인보다 '지속가능성', '환경운동', '윤리적 소비'라는 키워드로 이 브랜드를 떠올린다. 파타고니아의 제품들은 모두 기능성과 실용성을 고려해 만들어지지만, 가장 눈에 띄는 점은 그들이 제품보다 먼저 이야기하는 철학이다. "우리는 지구를 위해 사업을 한다"라는 문장처럼, 브랜드는 사업 자체가 목적이 아니라 수단임을 분명히 한다. 즉, 상품 기획의 시작점은 판매가 아닌 신념이다.

철학은 구호가 아닌 선택의 기준이다

파타고니아의 상품 기획은 모든 단계에서 철학을 기준으로 삼는다. 소재를 선택할 때도, 공장을 정할 때도, 가격을 책정할 때도 환경과 인간에 대한 책임을 가장 먼저 고려한다. 예를 들어, 파타고니아는 가장 먼저 재활용 폴리에스터를 전면 도입했고, 유기농 면만을 사용하는 데 수년을 투자했다. 이 과정은 단순히 친환경이라는 이미지를 만들기 위한 제스처가 아니다. 실제로 비용은 더 들고, 제조는 더 복잡해지며, 생산 기간도 늘어난다. 그러나 그들은 그 불편함을 감수하면서도 철학을 굽히지 않는다. 철학이 구호에 그치지 않고, 의사결정의 기준으로 기능하는 구조다.

상품 하나에도 '가치의 서사'를 담다

파타고니아의 대표 제품 중 하나인 레트로-X 플리스 재킷은 그 자체로 브랜드 철학의 집약이다. 이 제품은 단순히 따뜻한 아웃도어 재킷이 아니다. 소재는 재활용 플라스틱 병에서 추출한 섬유로 만들어졌고, 생산 과정에서는 탄소 배출을 최소화하기 위해 공정을 단순화했으며, 마감 처리에서도 인체에 무해한 염료만을 사용했다. 고객이 이 제품을 구매할 때, 그는 단지 옷을 사는 것이 아니라 자신이 어떤 가치에 돈을 지불하고 있는지를 인식하게 된다. 파타고니아는 상품 하나하나에 브랜드의 세계관을 축소해 담는다. 그래서 그들의 상품은 설명이 필요 없다. 제품 자체가 메시지이기 때문이다.

기획은 공감이 아니라 실천에서 시작된다

파타고니아는 고객의 공감에 의지하지 않는다. 먼저 스스로 실천하고, 그 실천을 제품에 담은 뒤, 그제야 고객에게 선택을 제안한다. 예컨대 2011년, 블랙 프라이데이 시즌에 그들은 "Don't Buy This Jacket(이 재킷을 사지 마세요)"라는 전면 광고를 냈다. 이는 단순히 충격을 주기 위한 마케팅이 아니라, 지속 가능한 소비에 대한 경고였다. 그들은 이렇게 말한다. "이미 충분히 옷이 있다면, 굳이 새 제품을 사지 않아도 좋습니다. 당신이 파타고니아 제품을 구매한다면, 그것은 정말 필요해서여야 합니다." 이런 방식은 처음에는 이질적으로 보일 수 있지만, 시간이 지날수록 고객은 이 브랜드의 진정성을 신뢰하게 된다.

철학은 콘텐츠가 아닌 구조로 작동해야 한다

브랜드들이 흔히 빠지는 착각은 '철학을 콘텐츠로 만든다'는 것이다. 즉, 철학을 따로 보여주고, 제품은 제품대로 판매하려는 방식이다. 하지만 파타고니아는 정반대다. 그들은 철학을 구조에 담는다. 기획, 유통, 고객 대응, 사후 서비스까지 모든 과정에서 철학이 실질적으로 작동하도록 설계되어 있다. 고객이 제품을 사용하다 고장이 나면, 무조건 새 제품을 판매하지 않고 먼저 수선을 권유하고, 오래된 제품을 매장에서 다시 고칠 수 있도록 리페어 프로그램을 운영한다. 심지어 온라인에서는 "중고 파타고니아"라는 사이트를 따로 운영하면서, '제품이 오래 쓰이는 것이야말로 가장 친환경적이다'라는 철학을 실천한다.

상품에 철학을 담는 방식이 곧 차별화의 시작

파타고니아는 시장에서 '친환경 브랜드'로 알려져 있지만, 그들이 성공한 이유는 '이슈의 유행을 탔다'거나 '소비자 감성을 자극했다'는 단순한 요소 때문이 아니다. 오히려 그들은 유행을 경계했고, 감성보다 행동을 선택했다. 제품을 기획할 때마다 철학을 다시 묻고, 그 철학이 현실적으로 구현될 수 있을 때만 제품을 출시했다. 이런 구조는 다른 브랜드와의 겉보기 차이는 작을지 몰라도, 시간이 흐를수록 신뢰라는 큰 차이를 만든다. 소비자는 결국 제품의 기능보다 브랜드의 태도를 기억한다. 그리고 그 태도는 상품 하나하나에 스며들어야만 진짜 차별화로 작동한다.

19

팬 중심으로 설계한 비즈니스 모델

누군가를 좋아한다는 감정은 단순히 '그 사람의 결과물을 소비하는 것'만을 의미하지 않는다. 진짜 팬은 그 사람의 철학과 태도, 말투, 세계관에 이끌린다. 그래서 진정한 브랜드는 '어떻게 보여지느냐'보다 '어떻게 연결되느냐'가 중요하다. 레이디 가가는 대중음악 스타를 넘어, '브랜드로 설계된 인물'이자 '팬이 중심이 된 생태계'를 만든 아티스트다. 그리고 그녀가 만든 뷰티 브랜드 Haus Labs(하우스 랩스)는 단순한 화장품 회사를 넘어서, 팬과 함께 구축한 정체성 기반 브랜드다.

처음부터 팬이 브랜드의 일부였다

Haus Labs는 '팬을 위한 화장품'이 아니라, 팬과 함께 만든 브랜드다. 레이디 가가는 활동 초기부터 팬들을 '리틀 몬스터'라는 이름으로 부르며, 단순한 팔로워가 아닌 정체성 공동체로 여겨왔다. 음악과 메시지, 의상, SNS 전개 모두 팬들의 감정을 중심으로 설계되었고, 이 감정의 흐름이 뷰티 브랜드로 확장된 것이다.

Haus Labs의 제품군은 단순히 화장품이 아니다. 피부색의 경계를 없앤 파운데이션, 성별 구분 없는 립스틱, 감정 표현이 가능한 글리터 등, 제품 하나하나가 '표현의 자유'와 '존재의 다양성'이라는 철학을 반영한다. 이 모든 기획은 레이디 가가의 팬덤이 꾸준히 요구하고 공감했던 메시지에서 시작되었다.

팬 커뮤니티를 기반으로 한 제품 기획

Haus Labs는 제품을 출시하기 전, 전통적인 시장조사보다 팬 커뮤니티 내에서 대화되는 언어와 감정, 요구를 분석했다. 실제 제품 테스트도 SNS 팬베이스를 통해 진행됐고, 피드백을 수렴해 제품명이 바뀌거나 색상이 조정되기도 했다. 팬은 단순히 응원하는 존재가 아니라, 제품 기획 과정의 한 축으로 참여했다.

그리고 이들은 "우리가 고른 색이 우리를 보여준다"는 메시지를 공유하며, 브랜드를 통해 자기 존재를 증명할 수 있는 감정적 권한을 느끼게 된다. 이 감각은 구매를 넘어서, 자기 표현의 수단으로 브랜드를 선택하게 만든다.

브랜드 공간 자체가 팬덤을 위한 무대가 된다

Haus Labs는 오프라인 매장 대신, 온라인을 중심으로 팬 기반을 확장했다. 모든 콘텐츠는 팬의 언어로 제작되고, 팬이 만든 메이크업

룩이나 메시지는 공식 채널에 적극적으로 소개된다. 이는 단순한 홍보가 아니라, 팬이 브랜드의 전면에 설 수 있게 한 전략적 배치다.

즉, 브랜드가 팬을 홍보 수단으로 쓰는 것이 아니라, 팬이 브랜드의 얼굴이 되는 구조를 설계한 것이다. 팬은 브랜드의 소비자이면서, 가장 강력한 설계자이자 전파자다.

비즈니스 구조 자체가 팬의 감정 선순환으로 설계됨

가장 인상 깊은 점은 Haus Labs가 브랜드 충성도를 구매 주기가 아닌 감정 주기로 설계했다는 점이다. 매출 성장은 신제품 출시에 의존하지 않고, 팬들의 피드백, 스토리, 연대, 커뮤니티 콘텐츠가 순환되며 자연스럽게 브랜드의 생명력을 연장한다.

이 감정 중심의 구조는 팬이 브랜드를 필요로 하는 순간을 직접 만들어낸다. 생일, 커밍아웃 기념일, 무대 데뷔일 등 각자의 기념일을 팬이 해시태그와 함께 공유하면, 브랜드는 그에 맞는 콘텐츠와 제품을 함께 연결해준다. 즉, 브랜드는 단순히 물건을 파는 것이 아니라 팬의 삶 안으로 들어가 함께 기억을 만든다.

브랜드는 결국 누구를 위한 것인가?

레이디 가가의 전략은 단순히 셀럽 마케팅이 아니다. 그녀는 "내 브랜드는 내 노래와 똑같이 팬을 위한 헌사이며, 팬 없이는 존재하지 않는다"고 말한다. Haus Labs는 브랜드 철학이 팬의 언어로 번역되고, 제품과 공간, 콘텐츠가 그 언어를 중심으로 구조화된 모델이다.

이 구조는 상품을 중심으로 세운 기존 모델과는 본질적으로 다르다.

팬 기반 브랜드는 곧 진정성 기반 브랜드다

Haus Labs는 기술이나 기능보다 감정, 존재, 연결을 중심에 둔다. 이 방식은 뷰티 업계뿐 아니라, 크리에이터, 출판, 교육, 콘텐츠 산업 전반에서 응용 가능하다. 중요한 것은 '무엇을 만들 것인가'가 아니라 '누구와 만들 것인가', '누구를 중심에 둘 것인가'다. 팬을 브랜드의 테두리에 두는 것이 아니라, 브랜드 중심에 두고 설계하는 방식이야말로 진정성 있는 차별화 전략이자 지속 가능한 구조다.

20

손님이 먼저 말하게 되는 구조 만들기

어떤 브랜드는 마케팅을 하지 않아도 자꾸 이야기된다. 누가 먼저 부탁한 것도 아닌데, 손님이 사진을 찍어 올리고, 리뷰를 남기고, 친구에게 소개한다. 더 흥미로운 건, 이 과정에서 브랜드는 특별히 무언가를 '말하지 않아도' 된다는 점이다. 말하지 않아도 말해지는 구조. 그것이 바로 '손님이 먼저 말하게 되는 구조'의 본질이다. 이는 단순한 입소문이 아니다. 브랜드의 공간, 시선, 리듬, 인상이 철저하게 설계되었을 때만 작동하는 전략이다. 이런 구조를 가장 정교하게 완성한 브랜드 중 하나가 바로 교토에서 시작된 글로벌 커피 브랜드 %Arabica(아라비카)다.

%Arabica, '광고하지 않는 브랜드'의 정체성

%Arabica는 "See the world through coffee(커피를 통해 세계를 보다)"라는 슬로건을 내세운다. 하지만 역설적으로, 브랜드는 전통적인

광고나 홍보를 거의 하지 않는다. 오히려 의도적으로 '아무것도 설명하지 않는' 방식으로 유명해졌다. 매장 외부에 간판은 작고, 메뉴판도 한 줄뿐이며, 직원들은 제품에 대해 길게 설명하지 않는다.

그럼에도 불구하고, %Arabica는 전 세계 수많은 도시에서 유명 인플루언서와 여행객들의 필수 방문지로 떠올랐다. 이유는 단순하다. 브랜드가 말하지 않아도, 공간 자체가 손님의 말할 거리를 만들어주기 때문이다.

공간이 콘텐츠가 되도록 설계된다

%Arabica의 가장 큰 특징은 '공간 자체가 하나의 브랜드 이미지'라는 점이다. 모든 매장은 지역에 따라 공간 구성이 다르지만, 기본적인 구조에는 몇 가지 공통점이 있다. 넓은 여백, 정제된 조명, 투명한 유리, 심플한 화이트 인테리어, 그리고 브랜드를 상징하는 '%' 로고. 이 구조는 특별한 연출 없이도 누구든 사진을 찍었을 때 브랜드가 드러나게 설계되어 있다. 예를 들어, 교토 히가시야마에 있는 매장은 정갈한 전통 가옥 스타일에 현대적인 디자인이 더해져 있어, 방문자 누구나 사진을 찍고 싶어지는 분위기를 제공한다. 이처럼 공간이 '말을 거는 방식'을 만들면, 손님은 굳이 브랜드에게 요청받지 않아도 스스로 기록하고, 공유하고, 브랜드를 퍼뜨리는 주체가 된다.

브랜드 로고가 아니라, 인상이 콘텐츠가 된다

%Arabica는 상품 포장, 컵, 유니폼, 벽면 등에 거의 동일한 방식으

로 '%' 로고만을 최소한으로 배치한다. 하지만 이 로고는 어디에서 찍어도 명확하게 인지되도록 크기, 색상, 위치가 전략적으로 조절되어 있다. 가장 흥미로운 점은 이 로고가 사람들에게 의미 없는 기호로 보이지 않는다는 것이다. 그것은 커피를 마시며 느낀 인상, 매장의 공기, 창밖 풍경, 직원의 태도와 연결된 기억 덩어리로 작용한다. 즉, 브랜드는 로고를 통해 말을 걸지 않지만, 사람들의 감정은 그 로고를 매개로 기억을 말하게 되는 구조다.

'말하게 되는 구조'는 사용자의 욕구를 이해해야 만든다

%Arabica는 매장마다 지역별로 공간 컨셉을 달리하지만, 기본적으로 모든 매장은 사진을 찍고 싶게 만드는 구조, 줄을 서도 불편하지 않게 하는 대기 라인, 메뉴를 단순화해 선택의 피로를 줄이는 UX 등을 고려해 설계된다. 이 모든 요소가 일관된 감각을 전달하고, 고객은 그 감각을 자신의 언어로 재해석해 콘텐츠화한다. 예를 들어, 손님이 커피를 받는 위치와 조명이 자연스럽게 어우러지도록 계산된 바 공간, 라떼 아트를 한눈에 담을 수 있도록 설계된 투명한 컵 구조, 사진을 찍을 때 배경에 불필요한 요소가 담기지 않도록 정리된 단순한 동선까지, 이 모든 요소들이 고객이 자발적으로 브랜드를 기록하고 공유하게 만드는 정교한 설계 장치들이다.

의도적 미완성, 설명의 여백을 남기는 전략

흥미롭게도, %Arabica는 홈페이지에도 브랜드에 대한 설명이 거의 없다. 창립자에 대한 짧은 소개, 간단한 로스팅 철학 정도만이 존재하고, 나머지는 모두 '브랜드가 만든 풍경'을 보여주는 사진들로 구성되어 있다. 이는 브랜드가 고객에게 일방적으로 설명하려는 태도보다, 고객이 스스로 해석하고 의미를 부여하도록 여백을 남긴 전략이다. 이러한 방식은 손님으로 하여금 "이 브랜드는 어떤 브랜드일까?", "왜 이렇게 구성되어 있지?"라는 질문을 유도하게 만들고, 그 질문에 대한 답을 직접 만들어내도록 유도한다. 이 지점에서 손님은 단순한 방문자가 아니라, 자신만의 콘텐츠를 만드는 주체가 된다.

구조화된 침묵이 만들어낸 가장 강력한 입소문

%Arabica는 말하지 않지만, 그 침묵이 구조화되어 있다. 그 구조 속에서 사람들은 자신의 감정, 사진, 풍경, 감각을 빌려 브랜드를 말하게 된다. 브랜드가 침묵할수록 사람들은 자신의 언어로 브랜드를 다시 쓰고, 그 결과는 SNS 콘텐츠, 리뷰, 추천 영상, 블로그, 잡지 기사 등으로 끝없이 확장된다. 이처럼 말하지 않지만 말하게 만드는 구조는 단순히 미니멀 디자인이나 셀럽 인증샷으로는 완성되지 않는다. 그것은 브랜드가 사용자 중심의 감각을 이해하고, 그들이 어떤 순간에 말을 하게 되는지를 계산해 만든 정교한 구조물이다.

브랜드는 설명이 아니라 감정을 설계하는 공간이 되어야 한다

%Arabica는 제품을 많이 팔기 위한 공간이 아니라, 사람들이 감정을 정리하고 기억을 공유할 수 있는 공간을 설계했다. 손님이 먼저

말하게 되는 구조란, 감탄을 유도하는 과잉이 아니라, 자연스럽게 말하고 싶은 순간을 정교하게 설계하는 일이다. 그 말은 곧 브랜드에 대한 신뢰와 연결되며, 어떤 광고보다 더 오래 지속되고, 더 진실된 이야기로 전달된다. 브랜드가 먼저 말하는 시대는 지났다. 이제는 사람들이 자발적으로 말하고 싶어지도록 만드는 구조가 경쟁력이다.

차별화의 5가지 기본 원칙

세상을 해석하는 방식이 다르면 된다

우리는 흔히 '차별화'라는 말을 들으면 뭔가 눈에 띄는 기발한 아이디어, 과감한 콘셉트, 새로운 제품만을 떠올린다. 하지만 차별화는 단지 눈에 보이는 결과의 문제가 아니다. 진짜 차별화는 '세상을 어떤 눈으로 보는가'라는 근본적인 질문에서 출발한다. 같은 시대를 살아도 누구는 가능성을 보고, 누구는 문제를 먼저 발견한다. 누군가는 기회를 찾고, 누군가는 불안부터 마주한다. 이 다름이 바로 해석의 차이이며, 차별화의 시작점이다.

세상은 모두에게 동일하게 펼쳐지지 않는다

같은 뉴스, 같은 사건, 같은 제품을 보더라도 모든 사람이 같은 방식으로 반응하진 않는다. 중요한 건 바깥의 정보가 아니라 그것을 바라보는 내부의 프레임이다. 어떤 브랜드는 "이 시장은 경쟁이 너무 치열해"라고 말하지만, 다른 브랜드는 "그래서 새로운 기회가 있다"고

해석한다. 이처럼 세상을 해석하는 방식이 다르면, 제품이 없어도 이미 브랜드는 시작된다. 해석은 단지 관점이 아니라 브랜드의 철학, 콘텐츠의 말투, 고객과 맺는 관계까지 영향을 미친다.

차이를 만드는 건 아이디어가 아니라 해석이다

많은 초보자들이 '나만의 아이템'을 찾기 위해 유사 브랜드를 연구하고 수많은 자료를 참고한다. 그러나 중요한 것은 무엇을 봤느냐보다 어떻게 봤느냐다. 같은 제품을 보고도 누군가는 "불편하다"고 하고, 또 다른 누군가는 "이 정도면 충분한데 왜 알려지지 않았지?"라고 느낀다. 관찰은 같아도 해석이 다르면 출발점도 다르다. 차별화된 브랜드는 '새로운 것을 만든다'보다 '익숙한 것을 다르게 본다'는 태도로 시작된다. 전혀 새로운 것을 발명하기는 어렵지만, 기존의 것을 다른 시선으로 연결하고 설명하는 일은 누구나 할 수 있다. 그렇게 만들어진 작은 차이가 쌓이면 결국 브랜드의 정체성이 된다.

차별화의 본질은 해석에 대한 책임감이다

해석은 단순한 의견이 아니라, 브랜드가 세상에 내놓는 입장이다. "이 제품은 당신의 자존감을 높여줄 수 있습니다"라고 말하는 순간, 그것은 광고 문구가 아니라 브랜드의 철학이 된다. 이 말이 진정성을 가지려면 디자인, 마케팅, 고객 응대까지 모든 접점에서 그 철학이 일관되게 드러나야 한다. 브랜드를 시작하는 사람에게 해석은 방향을 정하는 나침반이다. 어떤 가치를 중심에 둘지, 누구에게 무엇을 말할지를 결정짓는 기준이 되기 때문이다.

같은 소재라도 해석이 다르면 브랜드는 달라진다

예를 들어 천연 원료로 만든 비누 브랜드가 있다고 하자. A 브랜드는 '자극 없는 피부 케어'를 강조하고, B 브랜드는 '지구에 미안하지 않은 소비'를 말한다. 같은 비누라도 A는 피부 문제에 집중하고, B는 친환경 가치를 전면에 내세운다. 이 차이는 기술이 아니라 해석에서 비롯된다. 그래서 브랜드의 디자인, 말투, 고객층, 마케팅 방식까지 완전히 다르게 구성된다. 제품은 같지만 브랜드가 형성하는 경험은 전혀 다르다. 결국 해석은 브랜드를 차별화하는 가장 강력한 전략이다.

초보자일수록 해석을 훈련해야 한다

초기 브랜드는 자본도, 팀도, 시스템도 부족하다. 이때 해석의 감각은 가장 강력한 자산이 된다. 내가 어떻게 보고, 어떤 언어로 설명하고, 어디에 민감하게 반응하느냐가 브랜드의 색깔을 만든다. 해석이 분명한 브랜드는 작은 콘텐츠 하나, 제품 하나만으로도 자신만의 분위기를 형성한다. 사람들은 제품보다 브랜드의 태도와 감정을 기억한다. 그리고 그 태도는 결국 해석에서 나온다.

해석은 철학이자 실천이다

해석은 추상적인 개념이 아니라 실제 브랜드의 모든 행동을 결정짓는 실용적인 도구다. 콘텐츠를 만들 때 어떤 관점으로 세상을 설명할지, 어떤 문제를 중요하게 여길지, 고객과 어떤 언어로 연결될지를 포함해 브랜드의 방향과 태도는 해석에 따라 달라진다. 해석은 브랜드가 어디에 힘을 쏟을지, 어떤 디자인과 구조를 선택할지를 결정짓는 기준이 된다.

차별화는 생각의 방식에서 시작된다

브랜드를 만들기 전, 우리는 이런 질문을 던져야 한다. "나는 세상을 어떻게 보고 있는가?" 이 질문에 대한 나만의 답을 갖고 있을 때, 브랜드는 기술이나 자본보다 더 단단한 중심을 갖게 된다. 다르게 보려는 시도, 다르게 말하려는 용기, 다르게 연결하려는 감각. 이 세 가지가 함께 작동할 때, 브랜드는 '그냥 그런 것'이 아니라 '딱 그 브랜드다운 것'이 된다. 차별화는 구조나 기능이 아니라 해석에서 시작된다. 생각하는 방식이 다르면, 브랜드도 다르게 만들어진다.

전략이 아닌 정체성

우리는 흔히 브랜드를 만들거나 어떤 기획을 세울 때 "전략이 있어야 한다"고 말한다. 전략은 필요하다. 목표를 세우고, 자원을 분배하고, 효과적으로 전달하기 위해 반드시 필요하다. 하지만 전략만으로는 오래가지 못한다. 왜냐하면 전략은 상황에 따라 바뀌지만, 정체성은 상황이 바뀌어도 지켜져야 할 중심이기 때문이다. 진짜 차별화는 전략이 아닌 정체성에서 출발한다. 전략은 기술이고 정체성은 태도다. 전략은 경쟁자를 분석하고, 정체성은 자신을 이해한다. 전략은 타이밍을 보고 정체성은 방향을 본다. 두 가지는 모두 중요하지만, 브랜드를 처음부터 구축하고 오래 유지하려면 전략보다 먼저 정체성을 정의하는 작업이 반드시 선행되어야 한다.

전략은 복제되지만 정체성은 복제되지 않는다

차별화를 고민하는 사람들이 자주 빠지는 함정이 있다. 바로 잘된 브랜드의 전략을 모방하려는 시도다. 그 브랜드가 어떤 콘텐츠를 만들었는지, 어떤 톤으로 글을 썼는지, 어떤 채널을 썼는지를 분석하고 그대로 따라 한다. 그러나 그런 전략은 해당 브랜드의 정체성에서 자연스럽게 나온 것이지, 겉으로 드러난 방식만 따라 해서 같은 결과를 기대하긴 어렵다. 예를 들어 A 브랜드가 감성적인 문장으로 큰 공감을 얻었다고 하자. 이를 본 B 브랜드가 유사한 문장 구조나 말투를 흉내 내도, 사람들은 금세 알아차린다. 왜냐하면 사람들의 감정에 진짜 영향을 주는 건 문장 자체가 아니라, 그 문장을 만든 사람의 태도와 진심이기 때문이다. 전략은 학습하고 모방할 수 있지만, 정체성은 삶의 방식에서 나오는 것이다. 성찰 없이 만들어진 전략은 쉽게 흔들리고, 금세 잊히게 된다.

정체성이란 '왜 하는가'에 대한 분명한 답변이다

정체성은 단순히 로고나 슬로건, 슬랙 색상처럼 시각적으로 보이는 것만이 아니다. 그것은 브랜드가 "우리는 왜 이 일을 하는가?", "무엇을 믿고 있는가?", "세상을 어떻게 이해하고 있는가?"에 대한 깊고 지속적인 대답이다. 이 대답이 선명하면, 브랜드는 말투 하나, 서비스 구성 하나에서도 일관된 분위기를 풍기게 된다. 초보자들은 종종 "무엇을 만들면 잘 팔릴까요?"를 먼저 묻는다. 하지만 더 중요한 질문은 "나는 왜 이걸 만들고 싶은가?"이다. 이 물음에 대한 자기만의 답이 없으면, 브랜드는 결국 외부 트렌드에 휘둘리게 된다. 누가 했다니까, 이게 뜬다니까 하는 식의 기준은 오래 가지 못한다. 반면 정체성이 분명한 브랜드는 고객이 늘어나도, 시대가 바뀌어도 흔들리지 않는다. 오히려 고유한 색이 더욱 또렷하게 드러나게 된다.

무민(Moomin), 전략보다 정체성으로 성장한 브랜드

핀란드의 캐릭터 브랜드 '무민'은 전형적인 성공 전략을 따르지 않았다. 글로벌 확장을 위한 기획도 없었고, 상업적 트렌드에 맞춘 디자인도 아니었다. 무민은 작가 토베 얀손의 개인적 세계관에서 출발한 창작물이다. 그 안에는 가족, 외로움, 자아, 다양성 같은 복잡한 주제들이 은근한 감정으로 녹아 있다. 그래서 무민 팬들은 단순히 상품을 소비하는 것이 아니라, 무민이 담고 있는 세계관에 공감하고 지지하며 연결된다. 무민을 좋아하는 이유는 예뻐서가 아니라 '나도 그런 세계를 믿고 싶어서'다. 전략보다 정체성이 브랜드를 어떻게 성장시킬 수 있는지를 보여주는 대표적 사례다. 그리고 이 사례는 오늘날의 초보 브랜드들에게 중요한 질문을 던진다. 당신은 지금 무엇을 설계하고 있는가? 전략인가, 아니면 태도인가?

정체성이 있으면 전략은 저절로 따라온다

전략을 만들기 위해 머리를 쥐어짜기보다, 먼저 내가 진심으로 하고 싶은 말이 무엇인지, 어떤 감정을 사람들과 나누고 싶은지를 고민해야 한다. 이 감정과 태도가 분명해지면, 어떤 콘텐츠를 만들지, 어떤 디자인이 어울릴지, 어떤 채널을 쓸지 같은 전략은 자연스럽게 정해진다. 전략은 정체성이 드러난 이후에 만들어지는 구체적 실행 방법일 뿐, 브랜드의 중심을 대신할 수는 없다. 또한 정체성이 명확한 브랜드는 실패하더라도 다시 일어설 수 있다. 제품이 잘 팔리지 않아도, 콘텐츠 반응이 없어도 방향이 명확하니까 다시 시작할 수 있는 내적 기준이 있다. 정체성은 브랜드가 계속 살아남게 만드는 지속력의 본질이다.

차별화는 전략이 아니라 정체성에서 출발한다

전략은 똑똑함에서 나오지만, 정체성은 진심에서 나온다. 정체성이 있는 브랜드는 크지 않아도, 유명하지 않아도 사람들의 기억에 오래 남는다. 사람들이 어떤 브랜드를 '편하다', '믿음 간다', '좋아 보인다'고 말하는 이유는 결국 감정의 일관성과 태도의 신뢰감 때문이다. 이것은 숫자로 계산할 수 있는 전략이 아닌, 오랜 시간에 걸쳐 형성된 정체성에서 비롯된다. 초보자일수록 전략보다 먼저 정체성에 대해 써야 한다. 내가 어떤 감정을 줄 수 있는 사람인지, 어떤 말을 반복해서 하게 되는지, 왜 이 일을 시작했는지를 계속 스스로에게 묻고, 정리하고, 말로 표현해야 한다. 그 과정에서 쌓인 언어와 태도는 브랜드를 지탱해주는 중심축이 된다. 차별화는 잘 팔기 위한 기술이 아니라, '나답게 말하는 힘'에서 시작된다.

비교보다 '구별력'

우리는 무언가를 만들거나 기획할 때 자연스럽게 '경쟁자'를 의식하게 된다. 누가 먼저 시작했는지, 어떤 기능이 더 나은지, 가격은 얼마인지, 고객 리뷰는 어떤지 계속 비교하게 된다. 이 비교는 처음엔 기준이 되고 도움이 되지만, 시간이 갈수록 우리 자신을 '누구보다 나은가'라는 기준으로만 바라보게 만든다. 그리고 여기서 중요한 착각이 시작된다. '더 낫다'는 것이 '다르다'는 걸 보장하지 않는다는 사실을 자주 잊는다. 차별화는 더 나은 것을 만드는 일이 아니라, 더 '구별되는 것'을 만드는 일이다.

비교는 남의 기준에 갇히는 일이다

비교라는 행위 자체는 나쁘지 않다. 하지만 계속해서 "다른 브랜드보다 얼마나 저렴한가", "경쟁자보다 얼마나 기능이 뛰어난가"만을 따지다 보면, 결국 브랜드의 언어도, 콘텐츠도, 상품의 콘셉트도 타인을 기준으로 형성되기 시작한다. 이때 우리는 정작 가장 중요한 질문을 놓치게 된다. "나는 누구인가?", "내가 가진 고유한 관점은 무엇인가?", "사람들이 나를 굳이 기억해야 할 이유는 무엇인가?" 비교는 순간적인 이점은 줄 수 있지만, 오래된 브랜드일수록 점점 자기만의 방식이 흐려지고, 경쟁자와 비슷해지는 함정에 빠지기 쉽다. 비교에 익숙해진 브랜드는 시장 흐름을 따라가지만, 흐름을 만들지는 못한다. 차별화는 흐름을 따르지 않으면서도 설득력을 가지는 구조에서 나오는 법이다.

구별력은 타인과의 간격이 아니라, 나의 중심에서 시작된다

'구별력'이라는 단어는 단순히 눈에 띈다는 의미가 아니다. 그것은 내가 누구인지, 어떤 태도를 지니고 있는지, 무엇을 계속 지키고 싶은지를 기반으로 세워진 브랜드의 일관된 정체감이다. 그리고 이 감각은 단기적 성과보다, 장기적 기억을 남긴다. 예를 들어 어떤 브랜드가 경쟁자보다 배송을 하루 빠르게 하고, 가격을 천 원 더 저렴하게 책정했다고 하자. 이것은 일시적인 우위일 수는 있지만, 경쟁자가 그 전략을 따라잡는 순간 금방 사라진다. 반대로 어떤 브랜드는 똑같은 제품을 팔면서도, '우리의 포장은 환경을 위한 종이만 사용합니다'라는 한 줄만으로도 사람들의 기억 속에 '이 브랜드는 뭔가 다르다'는 감정의 지점을 만든다. 이것이 구별력이다. 비교가 '누구보다 더 잘하려는 시도'라면, 구별력은 '누구와도 다르게 살아가려는 방식'이다.

브랜드 '히말라야 핑크솔트'의 구별된 존재감

한때 수많은 식품 브랜드가 '천일염', '미네랄 소금' 등으로 경쟁하던 시기에, '히말라야 핑크솔트'라는 이름은 단번에 소비자의 기억을 사로잡았다. 성분 자체가 기존 제품보다 특별히 우월했던 것은 아니다. 가격도 더 비쌌고, 사용 방식도 크게 다르지 않았다. 그런데도 이 소금은 많은 사람들에게 '웰빙', '자연', '프리미엄', '의식 있는 소비' 같은 이미지를 각인시켰다. 이 브랜드는 자신이 누구보다 짜지 않다거나, 영양이 더 많다는 비교형 문장을 쓰지 않았다. 대신 자기가 어디서 왔고, 어떤 색을 띄고 있으며, 어떤 생각으로 만든 제품인지를 반복적으로 말했을 뿐이다. 이 전략은 수많은 유사 제품이 존재함에도 불구하고, 해당 브랜드가 여전히 '다른 소금'으로 기억되게 만들었다. 사람들은 결국 더 좋은 것을 찾기보다는, 자기 감정과 맞닿은 무언가를 더 오래 기억하게 된다. 구별력은 제품의 차이보다 '느낌의 차이'를 만들어낸다. 이 감각을 의식적으로 설계한 브랜드는, 경쟁자를 의식하지 않아도 존재감으로 살아남는다.

비교하지 않아도 말할 수 있어야 한다

브랜드의 언어는 그것을 만들어내는 사람의 태도를 그대로 담는다. 어떤 브랜드는 자신의 특장을 설명할 때 "우리는 누구보다 빠릅니다", "타 브랜드보다 2배 오래갑니다"라는 식으로 이야기한다. 반면 어떤 브랜드는 "우리는 기다리는 시간이 필요한 사람을 위한 서비스입니다", "당신의 하루가 조금 천천히 흘러가길 바랍니다"라고 말한다. 이 둘은 표현 방식의 차이가 아니라, 브랜드의 존재 이유가 어디에 있는지를 보여주는 언어의 차이다. 비교하지 않아도 자기 이야기를 할 수 있는 브랜드는, 고객에게 '신뢰감'과 '일관성'을 준다. 그 브랜드는 누구와 싸우지 않지만, 자기 목소리로 조용히 자기 자리를 지킨다. 이것이 구별력에서 나오는 힘이다.

초보자일수록 비교를 멈추고 구별을 시작해야 한다

브랜드를 처음 만들 때는 불안하기 때문에 자꾸 다른 브랜드를 보게 된다. 그들이 어떻게 운영하는지, 어떤 키워드를 쓰는지, 무엇을 강조하는지를 따라가다 보면 내가 시작할 때 느꼈던 감정과 방향성이 흐려지기 쉽다. 하지만 초보일수록 더더욱 자기 목소리, 자기 해석, 자기 어휘를 찾는 연습이 필요하다. 구별력은 갑자기 생기지 않는다. 작은 말투, 작은 문장, 작은 선택들 속에서 조금씩 형성되는 것이다. 비교는 참고일 뿐, 방향이 되어선 안 된다. 중요한 것은 '내가 누구인가를 계속 설명하는 구조를 만드는 일'이며, 그것이 쌓일수록 누군가가 "이 브랜드는 다른데?"라고 말하기 시작한다. 이 말 한마디가 진짜 차별화의 시작이다.

구별력은 혼자의 감각에서 시작되는 힘이다

비교는 끝이 없다. 하지만 구별은 중심이 있다. 그 중심은 내가 진짜 중요하게 생각하는 가치, 꼭 지키고 싶은 태도, 다시 돌아가야 할 질문에서 생긴다. 우리는 남들과 같지 않기 때문에 존재할 수 있다.

차별화란 더 낮게 보이려는 경쟁이 아니라, 더 나답게 살아가려는 태도에서 출발하는 것이다. 당장 비교를 멈추고, 다시 물어보자. "나는 어떤 이유로 이 일을 시작했는가?", "내가 이 브랜드에 넣고 싶은 감정은 무엇인가?", "고객이 나를 기억하게 만들 한 줄의 문장은 무엇인가?" 이 질문에 답할 수 있다면, 당신은 이미 구별의 언어를 갖고 있는 것이다. 그리고 그 언어가 브랜드의 가장 강력한 차별화가 되어 줄 것이다.

타깃 설정의 힘

무언가를 처음 시작할 때 사람들은 가능한 많은 사람에게 다가가고 싶어 한다. 누구든 나를 좋아해주면 좋겠고, 제품도 모두에게 팔렸으면 한다. 그래서 종종 브랜드 소개는 "누구나 사용할 수 있는 제품"이라는 문장으로 시작되곤 한다. 하지만 이 접근은 가장 빠른 실패로 이어지는 지름길이다. 차별화를 만들기 위해서는 '누구나'를 겨냥해선 안 된다. 오히려 '누구를 위한 것인지'를 명확하게 설정하는 것이 첫 번째 작업이어야 한다. 이때 생기는 결정력이 바로 타깃 설정의 힘이다.

누구나를 위한 브랜드는 결국 아무에게도 강렬하지 않다

초보자들이 흔히 빠지는 착각은 '타깃을 좁히면 시장이 좁아진다'는 생각이다. 하지만 정반대다. 타깃을 좁혀야 메시지가 명확해지고, 메시지가 선명해야 고객이 반응한다. 넓은 대상을 향한 마케팅은 모호한 언어를 낳고, 모호한 언어는 아무런 감정도 움직이지 못한다. 가령 어떤 브랜드가 "모든 세대를 위한 간편 식사"를 내걸었다고 하자. 듣는 순간 누구도 딱히 '나를 위한 브랜드'라고 느끼지 못한다. 반면 "혼자 사는 20대 직장인을 위한 저녁 한 끼"라고 하면, 그 대상은 적어 보이지만 정확히 해당하는 사람에게는 '이건 나를 위한 거야'라는 감정의 스위치가 켜진다. 브랜드가 성장할수록 타깃을 넓히는 것은 가능하지만, 처음부터 넓은 타깃을 잡으면 방향성도, 언어도, 제품의 성격도 희미해질 수밖에 없다. 타깃이란 시장의 크기가 아니라 집중력의 문제다.

타깃이 명확하면 말투와 메시지가 자연스럽게 정해진다

누군가를 떠올리며 글을 쓰면, 문장은 구체적이고 감정이 담긴다. 브랜드도 마찬가지다. '누구에게 말할 것인가'를 먼저 정하면, '어떻게 말해야 할까'는 자연스럽게 결정된다. 타깃이 설정되어 있지 않으면 브랜드의 말투는 중립적이고 무미건조해진다. 반대로 대상이 뚜렷하면, 브랜드는 그 사람의 기분과 일상, 고민을 상상하며 문장을 만들게 된다. 예를 들어, 50대 이상 중장년 남성을 타깃으로 하는 건강식품 브랜드는 단어 선택부터 전혀 다르다. "활력", "지구력", "중후함" 같은 키워드가 자주 사용된다. 반면 20대 여성 타깃의 제품은 "무겁지 않은 에너지", "가볍게 챙기는 하루" 같은 말투로 바뀐다. 타깃이 달라지면 디자인, 가격, 포장, 광고 채널, 심지어 배송 방식까지 달라져야 한다. 타깃 설정이 브랜드 전체의 톤과 흐름을 좌우한다는 뜻이다. 그래서 초기 단계에서의 타깃 설정은 '마케팅 전략'이 아니라, 브랜드 정체성을 규정하는 뼈대 작업이다.

밀레니얼 여성만을 위해 설계된 뷰티 브랜드 '글로시에(Glossier)'

글로시에는 "모두를 위한 화장품"이 아니라, "화장보다 자신을 더 사랑하고 싶은 20~30대 여성"만을 위해 설계된 브랜드였다. 시작부터 블로그와 SNS를 통해 자기 피부, 자기 취향, 자기 속도로 살아가는 여성들의 이야기를 모으고, 그들이 가장 불편하게 느꼈던 화장품 시장의 언어를 재정의했다. 가령 '커버력', '잡티 제거', '완벽한 피부'라는 표현 대신, 글로시에는 '내 피부처럼 보이는 발색', '투명한 윤기', '내가 나로 보이는 화장'이라는 문장을 썼다. 그리고 이런 말투는 제품 이름, 패키지 디자인, 고객 서비스, 광고 콘텐츠 전체로 퍼졌다.

결과적으로 이 브랜드는 타깃을 명확히 설정함으로써 오히려 더 많은 이들에게 도달할 수 있었다. 왜냐하면 사람들이 '이 브랜드는 누구를 위한 브랜드인지' 금방 이해했고, 해당 타깃은 그 안에서 '자기 이야기'를 발견했기 때문이다. 타깃을 좁히는 일은 외면하는 것이 아니라, 정밀하게 사랑하는 작업이다.

초보자일수록 타깃을 단 한 사람처럼 구체화하라

브랜드 초기에 타깃을 설정할 때 가장 좋은 방법은 단 한 사람을 구체적으로 떠올리는 것이다. 그 사람이 몇 살인지, 어떤 장소에 자주 가는지, 어떤 고민을 안고 있는지, 어떤 말투를 쓰는지를 상상해

본다. 그리고 그 사람을 위한 문장을 하나하나 적어본다. 이 연습은 브랜드의 말투를 정할 뿐 아니라, 제품의 기능이나 서비스의 핵심을 조정하게 만든다. 처음엔 작고 느리게 시작하지만, 그 타깃과 진심으로 연결되면 그들이 브랜드의 첫 전파자가 되어준다. 우리는 처음부터 모두에게 말할 수 없다. 하지만 한 사람에게 진심으로 도달할 수 있다면, 그 진심은 결국 다른 사람에게도 번져나간다.

타깃 설정은 차별화를 현실로 만드는 첫 단추다

타깃이 없으면 브랜드는 떠다닌다. 말은 공허해지고, 콘텐츠는 반응이 없고, 피드백은 엇갈리기 시작한다. 하지만 타깃이 분명하면 브랜드는 서서히 자기 자리를 찾아간다. 말은 점점 선명해지고, 사람들이 그 말을 자신에게 맞춰 해석하기 시작한다. 차별화는 전략이 아니라 방향이고, 그 방향은 '누구를 향하고 있는가'에 따라 정해진다. 타깃 설정은 마케팅 기법이 아니라 존재의 이유를 묻는 질문이다. 내 브랜드가 누구의 삶에 닿고 싶은가. 그 사람이 내 브랜드를 어떻게 기억했으면 하는가. 이 질문에 대답할 수 있다면, 이미 절반의 차별화는 완성된 셈이다.

⑤

나의 핵심 가치를 말할 수 있는가?

무언가를 오래 유지하고 싶다면, 가장 먼저 확인해야 할 것이 있다. "나는 무엇을 진심으로 중요하게 생각하는가?", 즉 핵심 가치다. 어떤 브랜드는 잘 만들어진 디자인과 정교한 전략으로 주목을 받는다. 하지만 시간이 지나면 묻힌다. 반면 어떤 브랜드는 겉으로 보기에 특별한 기술이 없어도 오랫동안 사랑받는다. 그 차이를 만드는 건 핵심 가치가 명확히 드러나 있는가의 여부다. 핵심 가치란 어떤 화려한 슬로건이나 캠페인을 의미하지 않는다. 그것은 브랜드가 어떤 결정을 할 때, 어떤 고객을 선택할 때, 어떤 언어를 쓸 때 기준이 되는 내면의 나침반이다. 초보자일수록 브랜드의 정체성을 만들려 할 때 외부의 답을 찾으려 하기 쉽지만, 사실 진짜 차별화는 내가 가장 지키고 싶은 태도가 무엇인지를 말할 수 있을 때부터 시작된다. 그래서 핵심 가치를 말할 수 있는 사람은, 흔들릴 수는 있어도 쉽게 길을 잃지는 않는다.

핵심 가치는 브랜드의 중심을 지키는 말 없는 문장이다

우리는 삶 속에서 많은 선택을 한다. 그 선택의 기준이 일관될 때 '저 사람은 신뢰가 가'라는 인상을 받는다. 브랜드도 마찬가지다. 같은 제품, 같은 기능, 같은 가격인데도 어떤 브랜드는 더 끌린다. 그것은 눈에 보이지 않는 가치의 결이 고객에게 전달되고 있기 때문이다.

핵심 가치는 겉으로 드러나는 '차별성'이 아니라, 그 차별성을 지속적으로 유지할 수 있는 에너지의 근원이다. 제품을 바꿔도, 콘텐츠 포맷을 달리해도, 시장이 흔들려도 이 브랜드는 자신만의 감각과 방향을 잃지 않는다. 왜냐하면 중심을 잡고 있는 말이 있기 때문이다. 그 말이 바로 핵심 가치다.

핵심 가치를 말할 수 있어야 판단이 일관된다

브랜드를 운영하다 보면 수많은 유혹이 온다. 트렌드에 맞춰 메시지를 바꾸고 싶어질 때도 있고, 더 많은 고객을 잡기 위해 기존 철학을 흔들고 싶을 때도 있다. 그럴 때마다 자신의 핵심 가치를 정확히 알고 있다면, 중심이 흔들리지 않는다. 예를 들어 "정직함"을 핵심 가치로 내세운 브랜드는 광고를 만들 때도 과장된 표현을 피하고, 고객 피드백을 받을 때도 솔직하게 응답하려 한다. 반면 "편안한 일상"을 가치로 삼는 브랜드는 제품 개발에서부터 '효율'보다는 '느림'과 '정서'를 우선순위로 둔다. 가치는 방향을 결정하는 나침반일 뿐 아니라, 무엇을 하지 않을 것인지까지 정해주는 경계선이 된다. 그래서 핵심 가치가 분명한 브랜드는 외부 변화에 쉽게 휘둘리지 않고, 내부 기준으로 오래가게 된다.

핀란드 브랜드 '아르텍(Artek)'이 지켜온 한 문장

핀란드의 가구 브랜드 아르텍은 1935년 설립 이후 지금까지 "기능과 정서의 조화를 추구한다"는 가치를 중심에 두고 있다. 이 브랜드는 단순히 예쁜 의자를 만들기보다, 사람이 일상 속에서 무심코 기대는 순간조차도 아름답게 만들 수 있을까를 고민한다. 그래서 아르텍의 가구는 군더더기 없이 단정하지만, 어딘가 감정이 있다. 모서리의 곡선, 색의 대비, 재료의 질감 이런 요소가 기능만으로는 설명되지 않는 정서적인 가치를 함께 설계하려는 태도에서 나온다. 이 철학은 광고 문구로만 쓰이는 것이 아니라, 실제 제품 기획과 공간 구성, 고객 상담까지 일관되게 연결되어 있다. 아르텍은 브랜드를 유지하는 가장 중요한 기준이 바로 이 가치 문장 하나라고 말한다. "우리는 아름다움이 삶을 바꾼다고 믿는다." 이 한 줄이 제품을 고르고, 언어를 정하고, 회사를 성장시키는 기준이 된다. 핵심 가치를 말할 수 있는 브랜드는, 외부 평가에 흔들리지 않는다. 자기 기준이 있고, 고객도 그 기준을 알고 있으며, 그 기준에 동의하기 때문에 신뢰가 생긴다.

초보자일수록 화려한 설명보다 한 줄의 태도를 먼저 세워야 한다

브랜드를 처음 시작할 때는 이것저것 하고 싶은 것도 많고, 보여주고 싶은 것도 많다. 하지만 가장 먼저 필요한 건 "내가 어떤 태도를 지키고 싶은가"라는 질문에 대한 명확한 답변이다. 그것이 없으면 모든 시도는 타인의 반응에 따라 흔들리고, 콘텐츠도 일관성을 잃기 쉽다. 예를 들어 "이 브랜드는 삶을 느리게 살아도 괜찮다고 말해주고 싶어요"라는 문장이 있다면, 그것이 핵심 가치다. 이 문장만 분명하다면 제품의 디자인도, 마케팅 전략도, 고객 응대 방식도 자연스럽게 그 가치에 맞춰 정렬된다. 핵심 가치가 있어야 브랜드가 말을 하지 않아도 전하는 분위기, 말투, 이미지가 정해진다.

핵심 가치는 브랜드가 말하지 않아도 말하게 되는 태도다

핵심 가치를 말할 수 있다는 것은, 단순히 '좋은 말'을 외우는 것이 아니다. 그것은 수많은 선택의 순간에 어떤 기준으로 행동할지를 스스로 정하는 일이다. 그 기준이 흔들리지 않아야, 브랜드도 흔들리지 않는다. 그리고 고객은 그 흔들리지 않는 태도에서 신뢰와 매력을 느낀다. 좋은 제품은 많다. 하지만 좋은 제품을 만든 이유가 명확한 브랜드는 적다. 그 이유가 곧 가치다. "이 브랜드는 왜 이걸 만들었을까?", "이런 말투를 왜 썼을까?", "왜 이 표현을 고집하지?" 이런 질문에 대해 스스로 설명할 수 없다면, 브랜드는 남의 전략을 따라가는 수밖에 없다. 하지만 단 한 줄이라도 자신의 언어로 핵심 가치를 설명할 수 있다면, 그것이 브랜드의 얼굴이 되고, 목소리가 되고, 결국은 차별화의 가장 단단한 기둥이 된다.

4장

나만의 차별화 만들기

01

"나는 누구인가?"에서 출발하는 자기 브랜딩

무언가를 만들어 세상에 알리고 싶다는 마음은 대부분 '나도 뭔가 하고 싶다'는 감정에서 시작된다. 하지만 그다음 단계로 넘어갈 때, 많은 사람들은 갑자기 방향을 잃는다. 어떤 이름을 지어야 할지, 어떤 말투를 써야 할지, 어떤 콘텐츠를 올려야 할지 막막해진다. 그 이유는 단 하나다. 아직 스스로에게 묻지 않았기 때문이다. "나는 누구인가?"라는 질문을. 자기 브랜딩은 자기 자신을 알아가는 과정 없이 시작될 수 없다. 우리는 너무 쉽게 겉모습부터 정리하려 한다. 이름, 디자인, 색깔, 콘셉트를 먼저 고민하지만, 결국 그것은 껍데기다. 진짜 중요한 건, 그 안에 무엇이 담길지다. 그리고 그 내용을 정하는 가장 중요한 첫 질문이 바로 "나는 무엇을 좋아하고, 무엇을 지키고, 무엇을 말하고 싶은가?"이다. 자기 브랜딩은 그 질문에서 출발한다. 그래서 정체성을 찾는다는 건, 꾸며낸 이미지를 만드는 일이 아니라 내 안의 진심을 꺼내는 일에 가깝다.

자기 브랜딩은 기술이 아니라 태도다

많은 초보자들이 자기 브랜딩을 '잘 보이는 방법'으로 이해한다. 인스타그램 피드 구성, 프로필 사진, 해시태그 설정에 먼저 집중한다. 물론 필요하지만, 그건 껍데기에 불과하다. 진짜 브랜딩은 '내가 어떤 말투로 세상과 연결되고 싶은지', '어떤 질문에 답하면서 살아가고 싶은지'를 정하는 일이다. 나는 무엇에 예민하게 반응하는가, 어떤 장면에서 마음이 움직이는가, 어떤 말에 오래 머무는가. 이 질문을 따라가다 보면 반복되는 감정이 하나 떠오른다. 그것이 바로 나의 태도이며 브랜드의 기초가 된다. 자기 브랜딩은 '내가 얼마나 잘하는가'를 보여주는 것이 아니라, '어떤 태도로 이 일을 하고 싶은가'를 표현하는 일이다. 그리고 이 태도는 단순한 슬로건이 아니라, 콘텐츠, 디자인, 관계, 피드백 방식 전체에 스며들어야 한다.

브랜드는 정체성이 아니라 정서다

브랜드를 만들 때 흔히 '정체성'을 생각한다. "나는 이런 사람이다"라는 선언 같은 것이다. 하지만 정체성만으로는 부족하다. 사람들은 논리보다 느낌으로 브랜드를 기억한다. 그래서 정체성보다 더 중요한 건 '정서'다. "그 사람은 따뜻했어", "그 브랜드는 조용했어" 같은 감정이 남는 브랜드는 오래 기억된다. 이는 디자인만으로 만들 수 있는 것이 아니다. 브랜드에 담긴 사람의 태도가 정서적으로 일관되어야 가능하다. 예를 들어 '가벼운 유머와 선명한 진심'이 핵심 감정이라면, 콘텐츠, 광고, 고객 응대까지 같은 느낌을 줄 수 있어야 한다. 이 정서의 일관성이 자기 브랜딩의 본질이다. 나는 어떤 감정으로 기억되고 싶은가. 그 질문이 선명할수록 브랜드는 흔들리지 않는다.

'곽정은'이라는 브랜드가 만들어진 방식

작가이자 방송인 곽정은은 연애 칼럼니스트로 시작해, 지금은 '자기 탐색과 성장'이라는 키워드로 명확한 브랜딩을 가진 인물로 자리잡았다. 그녀는 SNS, 강연, 책, 방송을 통해 일관되게 '감정', '자기 인식', '자기 돌봄'을 이야기한다. 이 모든 메시지는 결국 "당신은 괜찮다"는 감정으로 귀결된다. 곽정은이라는 브랜드는 복잡하지 않지만, 말투, 옷차림, 문장, 이미지에는 일관된 정서가 담겨 있다. 사람들은 그녀의 콘텐츠에서 단순한 정보보다 "이 감정이 나와 맞는다"는 인상을 받는다. 이처럼 자기 브랜딩은 거창한 전략이 아니라, 삶의 감정들을 정리하고 공유하는 기록에서 출발한다. 초보자에게 중요한 메시지는 이거다. 당신의 경험을 설명할 수 있는 언어가 곧 브랜드가 될 수 있다는 것.

자기 브랜딩은 말하지 않아도 느껴지게 만드는 설계다

좋은 브랜드는 굳이 설명하지 않아도 감정이 전달된다. 말없이도 "이 사람은 이런 느낌이야"라는 인식이 생긴다면, 이미 브랜딩은 시작된 것이다. 그 감정은 콘텐츠 하나, 문장 하나, 이미지 하나의 반복에서 비롯된다. 자기 브랜딩이 어렵게 느껴지는 이유는 바로 이 '감정의 설계' 때문이다. 단지 꾸미는 것이 아니라, 스스로를 정리하고 반복해서 표현하는 과정이 필요하다. 처음엔 작게 시작해도 좋다. 하루 한 문장을 올리거나, 매주 같은 시간 같은 톤으로 글을 써보는 것도 방법이다. 중요한 것은 그 감정이 진짜인지, 그리고 반복 가능한지다. 브랜딩은 꾸준함이 감정을 만들고, 감정은 연결을 만들며, 연결은 신뢰로 이어진다.

"나는 누구인가?"라는 질문이 자기 브랜딩의 출발점이다

차별화의 시작은 결국 자기 자신을 이해하는 데 있다. 내가 누구인지 모른다면, 어떻게 타인에게 설명할 수 있을까. 내가 중요하게 생각하는 감정이 무엇인지 정리되지 않았다면, 콘텐츠 역시 일관되게 만들 수 없다. 자기 브랜딩은 기술이 아니라 '자기 이해'의 깊이에서 나온다. 나를 설명할 수 있는 감정 하나, 나를 대표할 수 있는 말투 하나, 나를 지탱할 태도 하나. 이 세 가지가 시작이다. "나는 무엇을 반복해서 말할 수 있을까?", "나는 어떤 감정을 주는 사람인가?", "사람들이 나를 어떤 단어로 기억하길 바라는가?" 이 질문에 답해보자. 당신은 이미 브랜드의 첫 설계를 마친 셈이다. 그리고 그 브랜드는 보기 좋은 포장보다 오래 기억되는 감정을 남기게 될 것이다.

차별화 키워드 3개 정하기

자기 브랜딩을 시작하려고 마음먹었을 때 가장 막막한 순간은 "내가 무엇을 보여줄 수 있을까?"라는 질문 앞에 섰을 때다. 어떤 이미지로 보일지, 어떤 말투를 쓸지, 어떤 콘텐츠를 올릴지 정하려다 보면 생각이 복잡해지고 손이 멈춘다. 이때 필요한 것이 바로 '나를 설명하는 단어', 즉 차별화 키워드다. 키워드는 말 그대로 브랜드의 핵심 감각을 압축한 표현이며, 이 키워드들이 정리되어 있어야 내가 어떤 방향으로 나아가야 할지 길을 잃지 않게 된다. 우리는 흔히 브랜드를 시각적 콘셉트나 제품의 기능으로만 구분하려 한다. 하지만 진짜 차별화는 그 브랜드만의 고유한 분위기, 말투, 감정적 톤에서 드러난다. 그리고 그 느낌은 명확한 키워드 없이 결코 만들어질 수 없다. 키워드는 브랜딩의 기초 언어이자, 방향을 설정하는 나침반이다. 키워드가 명확하면 선택의 순간마다 흔들림이 줄어들고, 브랜드는 자연스럽게 일관된 감정을 만들 수 있다.

차별화 키워드는 브랜드의 핵심 감정을 말로 붙잡는 일이다

키워드는 단순히 트렌디한 단어나 유행하는 태그를 고르는 일이 아니다. 그것은 '이 브랜드가 세상과 어떤 정서적 관계를 맺고 싶은가'에 대한 결정이다. 예를 들어 '정직', '유머', '차분함', '도전', '감성', '여유', '지적' 같은 단어들은 단순한 꾸밈이 아니라, 브랜드의 중심이 되는 정서적 에너지를 담고 있다. 좋은 키워드는 짧지만 강력하다. 고객은 그 브랜드를 처음 접할 때 키워드를 듣지 않더라도 그 느낌을 경험한다. "왠지 이 브랜드는 담백해", "이 계정은 감정이 묻어 있어", "이 사람은 말투가 신기하게 따뜻해"라는 인상이 바로 키워드가 작동하고 있다는 신호다. 그래서 키워드는 브랜드 언어의 뼈대이자, 전략이 흔들릴 때 다시 돌아가야 할 출발점이다.

왜 3개인가 - 브랜드의 복합성과 집중력 사이의 균형

차별화 키워드를 설정할 때 '3개'라는 숫자는 단순한 형식이 아니라, 실제로 브랜드의 핵심을 간결하게 정리하는 데 가장 적합한 수다. 하나만 정하면 너무 단선적이고 지루해지고, 다섯 개 이상이면 브랜드의 감정과 메시지가 분산되어 흐릿해진다. 세 개의 키워드는 서로를 보완하면서도 긴장감을 유지할 수 있다. 예를 들어 '지적', '따뜻함', '간결함'이라는 세 가지 키워드를 정한 브랜드는 콘텐츠를 만들 때 이 감정의 조화를 의식하게 된다. 너무 딱딱해지면 따뜻함을 더하고, 너무 감성적으로 흐르면 지적인 언어를 삽입하며, 복잡한 설명이 많아지면 간결하게 다듬는다. 이처럼 키워드 셋은 브랜드를 세심하게 조율해주는 감정의 믹스이자, 실행의 기준이 된다. 이 기준이 명확하면 콘텐츠 기획, 말투, 디자인, 광고 방향, 제품 개발까지 모든 요소에서 일관성이 생긴다.

작가 '김겨울'이 보여주는 키워드의 위력

북튜버이자 작가로 활동 중인 김겨울은 '지적', '잔잔함', '진정성'이라는 키워드를 거의 완벽에 가깝게 실현해낸 인물이다. 그녀는 북 리뷰, 작가 인터뷰, 에세이 등 다양한 콘텐츠를 운영하지만, 어느 콘텐츠에서든 그 세 가지 감정은 분명히 전달된다. 말투는 나긋하고 차분하며, 문장은 정제되어 있고, 언급하는 책들도 삶을 깊이 들여다보는 종류가 많다. 영상의 배경음악, 화면 구성, 썸네일 문구까지도 그녀의 키워드와 정확히 맞아떨어진다. 그래서 사람들은 그녀의 콘텐츠를 보면 책 소개를 넘어서 한 사람의 태도를 경험하게 된다. 중요한건 그녀가 이 키워드들을 콘텐츠마다 억지로 반복하지 않았다는 점이다. 오히려 자연스럽게 드러난 자신의 감정들을 의식적으로 정리하고, 그것을 콘텐츠 설계에 반영했기 때문에 브랜드로 자리 잡을 수 있었던 것이다. 이처럼 키워드가 명확하면 설명하지 않아도 감정이 전해진다. 그리고 그것은 신뢰와 연결로 이어진다.

초보자일수록 키워드는 외부가 아니라 내부에서 찾아야 한다

처음 키워드를 정할 때 많은 사람들이 외부에서 답을 찾으려 한다. 지금 잘 나가는 브랜드는 어떤 단어를 쓰는지, 어떤 해시태그가 인기

있는지를 보고 따라 하려 한다. 하지만 그것은 모래 위에 건물을 짓는 일이다. 금방 무너지거나, 금방 질리게 된다. 가장 좋은 방법은 스스로에게 질문을 던지는 것이다. "내가 자주 하는 말에는 어떤 분위기가 있는가?", "사람들이 나에게서 어떤 느낌을 받는다고 말해왔는가?", "내가 만들고 싶은 콘텐츠에는 어떤 감정이 담겨 있는가?" 이 질문에 대한 답이 바로 키워드의 씨앗이다. 그 씨앗을 종이에 적고, 비슷한 느낌을 주는 단어들과 비교해보고, 어떤 단어에 가장 나다움이 담겨 있는지를 찾아보는 과정이 필요하다. 키워드는 브랜드 이름보다 늦게 정해져도 된다. 하지만 절대 뒤늦게 정리되어선 안 된다. 키워드는 브랜드를 '나답게' 만드는 첫 언어이기 때문이다.

내면에서 길어 올린 단어는 결국 브랜드의 말투가 된다

우리가 스스로에게서 발견한 감정의 언어는 처음엔 막연하고 추상적일 수 있다. 하지만 그 감정은 콘텐츠를 만들고, 말투를 정하고, 시선을 고를 때마다 조금씩 구체화된다. 예를 들어 '여유'라는 키워드를 정했다면, 급하게 말하거나 조급하게 글을 쓰는 방식은 자연스럽게 어울리지 않게 된다. 이때부터 브랜드의 언어는 점점 '그 사람답게' 변화하기 시작한다. 감정에서 출발한 키워드는 결국 브랜드의 말투, 시선, 관계 맺는 방식 전체를 조율하는 중심점이 된다. 그래서 키워드는 단어이기 이전에 태도이고, 방향이다.

키워드는 브랜드를 감정적으로 기억하게 만드는 언어다

사람들은 긴 소개보다 한 줄의 인상으로 브랜드를 기억한다. 그리고 그 인상을 만든 건 항상 '느낌'이었다. 그 느낌은 우연히 생기지 않는다. 그것은 키워드로 설계되고, 반복을 통해 각인된다. 좋은 브랜드는 설명하지 않아도 감정이 전해진다. 그리고 그 감정의 뿌리가 되는 것이 키워드다. 키워드를 정하는 것은 결국 "나는 이런 감정의 사람이고, 이런 태도로 당신과 연결되고 싶다"고 말하는 일이다. 이제 스스로에게 물어보자. "내 브랜드를 한 단어로 표현한다면 어떤 느낌이어야 할까?", "사람들이 내 콘텐츠를 본 뒤 어떤 감정을 갖게 하고 싶은가?", "나라는 사람을 떠올렸을 때 어떤 언어가 어울릴까?" 이 질문에 답하고, 그 답에서 키워드 3개를 고르는 것, 그것이 차별화의 두 번째 문이다. 그리고 그 문을 통과해야 비로소 '나만의 방식'이 시작된다.

브랜드 슬로건과 한 줄 설명 만들기

브랜드를 만든다고 해서 사람들이 곧바로 관심을 가지는 건 아니다. 첫인상에서 "이건 뭘 하는 곳이지?", "누가 만들었지?", "나랑 무슨 관련이 있지?"라는 질문이 명확히 해소되지 않으면, 아무리 좋은 제품과 서비스를 갖고 있어도 사람들은 지나친다. 그래서 브랜드가 처음으로 전해야 하는 건 긴 설명이 아니라 짧은 울림이다. 이때 필요한 것이 바로 슬로건과 한 줄 설명이다. 슬로건은 브랜드가 사람들에게 전달하고 싶은 핵심 감정을 요약한 문장이다. 그리고 한 줄 설명은 무엇을 하는 브랜드인지, 어떤 태도로 존재하는지를 단번에 이해시킬 수 있는 구조다. 둘 다 짧지만, 강력한 설득력을 지니며, 사람들에게 '기억될 수 있는 문장'을 남긴다. 브랜드가 성공하려면 결국 두 가지를 모두 충족해야 한다. "기억되는 감정"과 "이해되는 구조", 이 둘이 바로 슬로건과 한 줄 설명의 역할이다.

슬로건은 브랜드의 감정적 얼굴이다

슬로건은 기술적으로 잘 만든 문장이 아니다. 브랜드의 태도와 감정이 압축된 한 줄이다. 사람들은 슬로건을 통해 브랜드의 분위기를 직감한다. 예를 들어 애플의 "Think Different"는 단순히 창의성을 강조하는 문장이 아니라, 기존 방식과 다른 생각을 지지한다는 태도를 드러낸다. 슬로건은 문법보다 분위기가 중요하다. 단어가 적어도 정서적 울림과 브랜드 세계관이 느껴지는 문장이어야 한다. "세상을 따뜻하게 연결합니다"처럼 간결하지만 가치가 전해져야 한다. 슬로건을 만들기 위해 가장 먼저 던져야 할 질문은 이것이다. "사람들이 내 브랜드를 어떤 감정으로 기억하길 바라는가?" 그 감정을 붙잡기 위해 다양한 언어 실험이 필요하다.

한 줄 설명은 브랜드의 기능과 태도를 함께 담는 구조다

슬로건이 감정을 담는다면, 한 줄 설명은 정보를 준다. 브랜드가 무엇을, 누구를 위해, 어떤 태도로 운영되는지를 직관적으로 설명해야 한다. 예를 들어 "당신의 하루를 정리해주는 감성 다이어리 브랜드"는 제품(다이어리), 대상(당신), 가치(감성적 정리)를 모두 담고 있다. 좋은 한 줄 설명은 명확하고 구체적이며 쉽게 이해된다. "가볍지만 깊은 글을 전하는 뉴스레터", "혼자 일하는 사람을 위한 워크툴", "일상의 언어로 지식을 푸는 콘텐츠 채널" 같은 문장들이 그렇다. 이 문장은 SNS 프로필, 소개글, 첫 화면, 제품 페이지 등 다양한 곳에 활용되고 반복될 때 브랜드의 정체성이 각인된다.

'오늘의집'이 한 문장으로 모든 걸 설명한 방식

인테리어 플랫폼 '오늘의집'은 슬로건 없이도 명확한 한 줄 설명으로 브랜드의 기능과 분위기를 전했다. "인테리어의 시작, 오늘의집"은 브랜드의 역할과 쓰임을 직관적으로 전달한다. 이 문장은 간결하고 반복 사용이 가능해 인식률을 높이는 데 효과적이다. 여기에 "내 공간을 바꾸는 작은 용기" 같은 슬로건을 추가함으로써 감성적 메시지까지 확장했다. 슬로건과 한 줄 설명이 서로를 보완하면서 정보와 감정을 동시에 전한 대표적인 사례. 초보자라면 이 두 문장을 함께 설계해보는 것이 브랜딩에 큰 도움이 된다.

초보자일수록 쓰고, 고치고, 다시 써야 한다

슬로건이나 한 줄 설명은 처음부터 완벽할 필요 없다. 중요한 건 반복을 통해 감정과 정보를 함께 담은 문장을 찾는 과정이다. 예를 들어 "하루를 다정하게 마무리할 수 있게 돕고 싶다"는 생각에서 출발한다면, 한 줄 설명은 "지친 하루를 위로하는 감성 콘텐츠 채널"이 될 수 있고, 슬로건은 "당신의 저녁을 응원합니다" 같은 문장이 될 수 있다. 감정과 기능을 동시에 담으려면 수십 번의 수정이 필요하지만, 그 문장이 완성되면 브랜드는 스스로를 설명할 수 있는 힘을 갖게 된다. 그리고 누군가에게 소개할 때도 더 선명하게 다가갈 수 있다.

기억되는 브랜드는 단 한 문장으로 시작된다

슬로건과 한 줄 설명은 브랜드 전체를 설명하지는 않지만, 사람들이 처음 브랜드를 기억하는 '입구' 역할을 한다. 아무리 복잡한 철학이 있어도 한 문장으로 요약되지 않으면 전달되지 않는다. 이 한 문장은 브랜드에 다가오는 사람들과의 첫 연결점이자, 신뢰의 출발선이다. 그 연결을 감정적으로 따뜻하게, 의미적으로 명확하게 만드는 문장이 바로 슬로건과 한 줄 설명이다. 이제 직접 써보자. 누구를 위해, 어떤 감정으로, 어떤 방식을 통해 브랜드를 운영하고 싶은지 종이에 적고, 그중 가장 선명한 언어를 골라 슬로건과 한 줄 설명으로 정리해본다. 이 문장들이 완성되는 순간, 브랜드는 말로 설명하지 않아도 감정과 정보가 동시에 전해지는 하나의 인격체가 된다.

04

색깔 있는 콘텐츠 전략

무언가를 만들어 세상에 보여주고 싶을 때, 가장 먼저 부딪히는 장벽은 바로 콘텐츠다. 무엇을 올려야 할지, 어떤 방식으로 이야기해야 할지, 얼마나 자주 업데이트해야 할지 막막하다. 이럴 땐 '일단 시작해보자'는 마음으로 글을 쓰거나 영상을 찍지만, 곧바로 '이게 내 스타일이 맞나?', '왜 반응이 없지?' 하는 생각에 멈추고 만다. 바로 이때 필요한 것이 '색깔 있는 콘텐츠 전략'이다. 색깔 있는 콘텐츠란 단순히 개성이 강하다는 뜻이 아니다. 그것은 일관된 방향성과 감정, 구조, 표현 방식을 가진 콘텐츠를 반복해서 보여주는 전략이다. 색깔이 있는 콘텐츠는 단번에 알아볼 수 있고, '이건 그 사람 것 같다'는 인식을 만들어낸다. 브랜딩이 감정의 일관성이라면, 콘텐츠는 그 감정을 시각화하고 언어화하는 도구다. 그리고 이 작업이 누적될 때 비로소 차별화된 콘텐츠 전략이 완성된다.

색깔 있는 콘텐츠는 '일관된 감정'으로부터 시작된다

콘텐츠의 색깔은 기술이나 형식보다 정서적 일관성에서 출발한다. 유머가 강한 콘텐츠는 계속해서 유머를 유지해야 하고, 지적인 콘텐츠는 흐름과 구조에서 명확함을 보여줘야 한다. 중요한 것은 내용보다 분위기다. 예를 들어 같은 주제라도 누군가는 '냉철하고 분석적인 시선'으로 다루고, 누군가는 '따뜻하고 위로하는 말투'로 접근한다. 내용은 비슷할 수 있지만, 전달되는 느낌은 전혀 다르다. 이 느낌의 차이가 바로 콘텐츠의 색깔이고, 사람들이 기억하는 지점이다. 색깔이 있는 콘텐츠는 매번 포맷이 바뀌어도 핵심 감정이 유지된다. 글, 영상, 카드뉴스, 오디오 등 어떤 형태든 '그 사람 같다'는 인상을 주는 콘텐츠는 결국 하나의 정서를 중심으로 구성되어 있다. 초보자일수록 콘텐츠의 구조를 고민하기 전에, '내가 어떤 감정으로 사람들에게 말을 걸고 싶은가'를 먼저 정해야 한다.

형식을 정하고 반복하라 – 구조화가 색깔을 만든다

색깔 있는 콘텐츠는 우연히 생기지 않는다. 그것은 구조화된 콘텐츠 기획을 지속적으로 반복하는 과정에서 생긴다. 즉, 콘텐츠는 패턴이 있어야 하고, 이 패턴이 반복되면 브랜드의 시그니처가 된다. 예를 들어 어떤 에세이 계정은 매주 월요일 아침 '짧은 문장+감성 사진'을 올리고, 매주 목요일 밤에는 '구독자 사연 기반의 위로 글'을 올린다. 이 구조는 콘텐츠를 제작하는 사람에게는 루틴이 되고, 보는 사람에게는 예측 가능성과 정서적 안정감을 제공한다. 색깔 있는 콘텐츠는 이런 리듬과 규칙 속에서 자연스럽게 자란다. 처음엔 콘텐츠가 단순하고 조심스러워도 상관없다. 중요한 것은 '패턴을 만들고, 감정을 지키고, 시간을 쌓아가는 것'이다. 꾸준히 반복되는 구조는 어느새 '그 사람만의 방식'이 되고, 이는 곧 콘텐츠의 색깔로 자리잡는다.

'Better Sleep'이라는 콘텐츠 브랜드의 전략

수면 개선을 주제로 한 콘텐츠 채널 'Better Sleep'은 처음엔 단순한 팁 제공에서 시작됐다. 하지만 이 채널은 곧 '수면에 대한 친절한 태도'를 콘텐츠 색깔로 확립했다. 단순히 '이렇게 자야 좋다'는 정보를 주는 것이 아니라, "잠들지 못한 당신을 다그치지 않겠습니다"라는 슬로건 아래, 누구보다도 부드럽고 조심스러운 언어를 사용했다. 그들은 모든 콘텐츠에 공통적으로 슬로우 텍스트, 저채도 색상, 미니멀한 음악, 짧고 반복되는 문장 구조를 유지했고, 독자들은 그 일관된 분위기에 위로를 느끼며 브랜드에 정서적으로 몰입하기 시작했다. 결과적으로 이 채널은 비슷한 정보를 제공하는 수많은 플랫폼 중에서도 감정의 결이 독특한 콘텐츠 브랜드로 기억되었고, 앱 개발·굿즈 확장·출간으로 자연스럽게 확장되었다. 이 사례는 초보자에게 중요한 교훈을 준다. 콘텐츠의 색깔은 스토리텔링이나 정보보다 먼저 감정의 리듬과 말투의 일관성에서 시작된다는 것이다.

초보자일수록 콘텐츠의 재료를 줄이고 감정을 분명히 해야 한다

처음 콘텐츠를 시작할 때는 여러 주제를 다루고 싶고, 다양한 형식을 시도해보고 싶어진다. 그러나 이것은 색깔을 만들기 어렵게 만든다. 오히려 콘텐츠의 초반 전략은 재료를 줄이고, 감정을 명확히 하고, 구조를 반복하는 데 초점을 맞춰야 한다. 예를 들어 '혼자 사는 사람들의 외로움을 다룬 콘텐츠'를 만들고 싶다면, 매주 하나의 감정만 다뤄도 충분하다. '외로움', '불안', '기대' 같은 키워드를 정하고, 그것을 중심으로 짧은 글과 사진을 올리는 패턴을 유지해본다. 색깔은 다양성보다 일관성 있는 감정과 흐름의 결과물이다. 많은 시도를 하기보다, 하나의 감정과 톤을 끝까지 지켜나갈 때 브랜드로서의 감각이 생긴다. 콘텐츠가 많지 않아도 괜찮다. 중요한 건 보는 사람이 "이건 이 사람 같아"라고 말할 수 있는 지점을 만드는 것이다.

감정은 콘텐츠의 언어와 리듬을 결정한다

하나의 감정을 중심에 두면, 말투는 자연스럽게 정리되고, 콘텐츠의 표현 방식도 통일성을 갖게 된다. 예를 들어 따뜻한 감정을 전하고자 한다면 문장은 부드럽고 여백이 많아질 것이고, 색상은 낮은 채도의 톤을 선택하게 될 것이다. 반면 날카롭고 분석적인 감정을 중심에 두면, 문장은 단단하고 간결해지며, 이미지와 레이아웃도 군더더기 없는 방향으로 구성된다. 이처럼 감정은 단지 느낌에 그치지 않고, 콘텐츠 제작의 구조와 형식을 설계하는 실질적인 기준이 된다. 감정을 먼저 정하는 일은 콘텐츠의 말투, 시선, 속도, 흐름까지도 함께 정하는 작업이다.

색깔 있는 콘텐츠는 브랜드의 정서를 시각화하는 방식이다

브랜드는 말투로 기억되고, 콘텐츠는 정서로 구별된다. 색깔 있는 콘텐츠 전략은 정보나 기술이 아니라 감정과 구조를 통해 '브랜드의 정서를 시각화하는 방식'이다. 자신만의 콘텐츠 색깔을 만들고 싶은가? 그렇다면 콘텐츠를 더 특별하게 만들려 애쓰기보다, 감정 하나를 선택하고 그 감정을 반복해서 보여주는 방식을 찾아야 한다. 콘텐츠 전략은 바로 거기서 시작된다. 이제 종이에 써보자. "내 콘텐츠가 전달하고 싶은 감정은 무엇인가?", "사람들이 나의 콘텐츠에서 어떤 분위기를 경험하길 바라는가?", "나는 어떤 구조로, 어떤 말투로, 어떤 흐름으로 콘텐츠를 만들고 싶은가?" 이 질문들에 답하고 그 답을 콘텐츠의 패턴으로 만들 수 있다면, 당신은 어느새 색깔 있는 콘텐츠를 만드는 사람이 되어 있을 것이다. 그리고 그 콘텐츠는 정보 이상의 감정을 남기고, 당신만의 브랜드를 더 오래 기억되게 할 것이다.

05

비교당하지 않는 구조 만들기

우리는 무언가를 만들고 세상에 내놓을 때, 늘 비교라는 벽에 부딪힌다. 똑같은 기능을 가진 제품, 유사한 콘셉트의 서비스, 비슷한 말투의 콘텐츠가 이미 존재하기 때문에 '이건 이미 있는 거잖아'라는 말 앞에서 기운이 빠지곤 한다. 비교는 피할 수 없는 일처럼 느껴지지만, 사실은 비교 자체가 무력해지는 구조를 만드는 것이 가능하다. 비교당하지 않는 구조란, 경쟁자가 많은 시장에서 나만의 고유한 규칙을 만들고, 그 규칙 위에 브랜드를 세우는 전략이다. 이 구조가 완성되면 사람들은 단순히 '이 브랜드가 낫다'가 아니라, '이 브랜드는 다르다'고 느끼기 시작한다. 그 인식이 반복될 때, 가격이나 스펙, 유명세와는 상관없이 브랜드는 독립적인 생존력을 갖게 된다. 그래서 비교를 피하려 하기보다, 비교할 수 없는 기준을 만드는 것이 더 중요하다. 그 기준이 곧 브랜드의 세계관이 되고, 소비자는 그 안에서만 유효한 감각으로 브랜드를 경험하게 된다.

차별화는 결과가 아니라 구조로 만들어진다

많은 초보자들은 차별화를 '보이는 결과'로만 생각한다. 디자인을 더 예쁘게, 문장을 더 세련되게, 콘텐츠를 더 화려하게 만드는 것에 집중한다. 하지만 겉모습만 다르게 꾸며서는 금방 따라잡힌다. 진짜 중요한 건 브랜드가 작동하는 방식, 콘텐츠를 만드는 방식, 고객과 연결되는 방식 자체가 다르게 설계되어야 한다는 점이다. 예를 들어, 일반적인 브랜드가 고객을 향해 '팔고자 하는 상품'을 먼저 내세운다면, 비교당하지 않는 구조를 가진 브랜드는 '고객의 감정이나 리듬'을 먼저 관찰한 뒤, 그에 맞춘 접점을 먼저 만든다. 이는 단순한 콘셉트의 차이가 아니라, 운영 구조 전체가 다르게 짜여 있다는 뜻이다. 이처럼 비교를 회피하려면 콘텐츠, 제품, 관계 형성 방식 전반에 걸쳐 '다르게 작동하는 시스템'을 설계해야 한다. 그리고 이 구조는 한 번에 완성되는 것이 아니라, 작고 반복되는 실험과 관찰 속에서 차근차근 만들어진다.

'작은 다름'이 반복되면 구조가 된다

비교당하지 않기 위한 핵심 전략은 거창한 차별점이 아니라, 작은 다름을 일관되게 반복하는 것이다. 예를 들어, 같은 정보 콘텐츠를 만들어도 어떤 채널은 '하루에 딱 1분만 읽게 하겠다'는 규칙을 만들고, 어떤 브랜드는 '그날의 기분에 따라 색을 바꾸는 인트로'를 반복한다. 처음엔 사소하게 보이지만, 이런 반복이 구조가 되고, 그 구조는 곧 브랜드의 고유한 틀이 된다. 사람들은 콘텐츠나 제품 그 자체보다도 '그 브랜드는 항상 이런 식이야'라는 신뢰 가능한 흐름을 기억한다. 이 흐름이 반복되면, 비슷한 브랜드가 아무리 많아도 "그건 그 브랜드처럼은 안 되지"라는 생각이 생긴다. 구조란 그런 것이다. 특별한 기능이 없어도, 특별한 아이디어가 없어도, 특별한 리듬과 태도만으로 만들어지는 고유한 방식. 그것이 브랜드를 비교 불가능하게 만든다.

'노션(Notion)'이 보여준 비교불가 구조의 설계

생산성 도구 시장에는 이미 강력한 플레이어들이 많았다. 에버노트, 트렐로, 구글 문서, 슬랙 등 각기 다른 목적에 특화된 도구들이 경쟁하던 가운데, 노션은 처음 등장했을 때 '무엇 하나에 특화되지 않은 툴'처럼 보였다. 하지만 노션이 만든 차별화는 기능이 아니라 사용자 중심에서 스스로 구조를 설계하게 만드는 방식에 있었다. 노션은 처음부터 완성된 기능을 제시하지 않았다. 대신 사용자들이 원하는 대로 기록, 협업, 플래너, 데이터베이스를 자유롭게 조합할 수 있는 구조적 유연성을 제공했고, 이로 인해 노션의 사용자는 도구를 단순히 '사용'하는 것이 아니라, 자신만의 방식으로 '조립'하는 경험을 하게 되었다. 그 결과 노션은 기존의 어떤 툴과도 단순 비교가 어려운 '개인화된 구조의 플랫폼'이라는 정체성을 얻었고, 스스로의 규칙을 만들어가는 유저들 덕분에 더 강력한 충성도를 얻게 되었다. 이 사례는 우리에게 이렇게 말해준다. 기능이 아닌 구조, 스펙이 아닌 방식, 정답이 아닌 여백이 차별화를 만든다. 그리고 이 구조가 만들어지면 사람들은 더 이상 다른 브랜드와 비교하지 않는다. 비교할 수 없기 때문이다.

초보자일수록 처음부터 큰 차이를 만들기보다
구조의 뼈대를 먼저 짜야 한다

비교되지 않기 위한 방법은 단 한 가지다. 다른 사람들이 전혀 신경 쓰지 않을 만큼 사소한 다름을 '의식적으로 반복'하는 것이다. 예를 들어, "내 브랜드는 늘 콘텐츠를 고객의 이름으로 시작하겠다", "내 글은 항상 마침표가 아닌 쉼표로 끝나겠다", "나는 제품을 소개하기 전에 일상의 한 장면을 먼저 보여주겠다"는 식의 규칙이 필요하다. 이 규칙은 작고 미세하지만, 계속 반복되면 사람들의 감각에 스며든다. 결국 브랜드를 브랜드답게 만드는 건 바로 이런 작고 반복적인 구조 설계다. 그리고 이 구조는 스스로에게도 중요한 장점이 있다. 뭘 해야 할지 모를 때 '나는 이 구조 안에서 움직인다'는 기준이 되기 때문이다.

비교당하지 않는 구조는 브랜드의 생존력을 만든다

모든 시장은 결국 비교의 전장이다. 그리고 비교는 가장 빠르고 쉬운 판단 방식이다. 하지만 브랜드가 자신의 구조를 갖는 순간, 비교는 무의미해진다. 사람들은 '무엇이 더 낫냐'보다 '이건 다른데'라는 감정을 먼저 느낀다. 이 감정을 만들기 위해 필요한 것은 기술이나 아이디어가 아니다. 작지만 일관된 차이, 반복 가능한 리듬, 그리고 자기만의 규칙이다. 구조를 만든다는 것은 브랜드가 세상에 스스로를 설명하지 않아도 된다는 뜻이다. 이미 구조가 말해주고 있기 때문이다. 이제 스스로에게 물어보자. "나는 어떤 방식으로 사람들과 연결되고 싶은가?", "내 브랜드는 어떤 구조로 반복되고 있는가?", "비슷한 브랜드들과 다른 나만의 규칙은 무엇인가?" 이 질문에 답할 수 있다면, 당신은 이미 비교당하지 않는 구조를 향해 가고 있는 것이다.

5장

콘텐츠와 서비스에 적용하는 차별화

01

글, 말, 행동에 차별화 녹이기

브랜딩을 만든다는 것은 단지 하나의 콘셉트를 정하고 로고를 붙이는 일이 아니다. 그것은 어떤 감정을 어떤 방식으로 반복해서 보여줄 것인지에 대한 태도의 설계다. 그래서 브랜딩이 완성되는 순간은 책상 앞에서 슬로건을 만들었을 때가 아니라, 누군가와 대화를 나눌때, 글을 쓸 때, 메일을 보낼 때, 고객을 응대할 때마다 스며드는 작은 표현 안에서 결정된다. 우리가 어떤 브랜드를 좋아하게 되는 진짜이유는, 거창한 철학 때문이 아니라 그 브랜드가 우리와 만나는 '작은 순간'의 언어, 말투, 몸짓이 일관되게 느껴졌기 때문이다. 그래서 브랜딩의 본질은 결국 글, 말, 행동이라는 일상의 표현 방식에 차별화를 녹이는 것에서 완성된다. 작은 표현이 모여 태도를 만들고, 그 태도가 쌓여 브랜드의 인상을 결정한다. 결국 사람들은 브랜드의 크기보다, 그 브랜드가 자신과 어떻게 대화하는지를 더 깊이 기억한다. 그리고 그 기억은 일관된 표현에서 비롯된 신뢰로 연결된다.

브랜드의 글은 정보가 아니라 감정의 톤이다

모든 브랜드는 글을 쓴다. SNS 피드, 메일, 소개 페이지, 블로그, 제품 설명서까지 글은 브랜드의 말투를 결정짓는 중요한 요소다. 초보자일수록 기능이나 정보를 정확히 전달하는 데 집중하지만, 사람들은 정보를 기억하는 것이 아니라, 그 글에서 느껴진 '감정'을 기억한다. 예를 들어 같은 제품 설명이라도 "부드러운 촉감으로 피부를 감싸줍니다"와 "하루 끝, 당신의 긴장을 풀어주는 촉감이에요"는 전혀 다르게 느껴진다. 전자는 기능 중심이고, 후자는 관계와 감정의 문장이다. 차별화된 브랜드는 글을 쓸 때도 자신만의 감정을 반드시 담는다. 말투가 공식적이어야 한다는 고정관념은 이제 낡았다. 오히려 독자가 '나한테 말 거는 것 같은 느낌'을 받을 수 있도록 말하듯 쓰는 문장, 망설임이 느껴지는 쉼표, 고백처럼 느껴지는 문단 구성이 더 중요한 차별화 요소가 된다.

말은 태도의 표현이다 – 브랜드는 말투로 기억된다

말은 브랜드의 감정을 가장 직접적으로 전달하는 도구다. 실제 목소리가 아니더라도, 고객 응대나 영상 콘텐츠, 인터뷰 등 말이 등장하는 순간마다 브랜드의 인상은 강하게 새겨진다. 사람들은 단어의 선택보다 그 말투의 리듬과 태도를 더 오래 기억한다. 그래서 브랜드는 어떤 문장을 쓰느냐보다 어떤 어조로 말하느냐를 더 신중하게 고민해야 한다. 예를 들어, 같은 고객 문의에 대한 답변이라도 "죄송합니다. 확인 후 연락드리겠습니다."와 "이건 저희도 꼭 알아보고 싶은 일이네요. 잠시만 기다려주세요."는 말의 방향이 다르다. 후자는 고객을 문제의 중심에 놓는 대신, 브랜드가 같이 반응하고 있다는 '감정적 동행'을 보여준다. 이런 말의 태도가 누적되면, 브랜드는 '감정을 알고 반응하는 존재'로 기억된다. 즉, 말투는 감정적 거리감을 좁히는 차별화의 언어다.

행동에는 브랜드의 본심이 스며든다

말은 꾸밀 수 있지만, 행동은 곧 본심이다. 그래서 브랜드의 행동은 '말과 일치하는가'를 판별하는 마지막 요소다. 여기서 말하는 행동이란 거창한 캠페인이 아니라 사소한 응답 속도, 택배 박스 안의 메시지 카드, 서비스가 중단될 때의 알림 문구처럼 아주 작고 반복되는 실천들을 말한다. 행동이 말과 맞아떨어질 때 브랜드에 대한 신뢰는 폭발적으로 상승한다. 반대로, 아무리 글과 말이 멋져도 행동에서 진심이 느껴지지 않으면 브랜드는 쉽게 잊히거나 실망감을 주게 된다. 가령 어떤 브랜드가 "당신의 하루를 응원합니다"라는 슬로건을 쓴다면, 고객이 늦은 시간에 메시지를 보냈을 때 "오늘 하루는 어땠나요?"라는 말로 시작하는 응답은 그 슬로건을 실현하는 행동이된다. 그 순간 고객은 '이 브랜드는 그냥 말만 하는 곳이 아니구나'라는 감정을 갖게 되고, 이는 오래가는 신뢰로 전환된다.

'채널예스'의 콘텐츠 운영 방식에서 배우는 감정의 구현

인터넷 서점 예스24가 운영하는 '채널예스'는 책 소개라는 콘텐츠를 단순 정보가 아닌 '감정이 있는 글쓰기'로 전환한 대표 사례다. 이들은 책 내용을 단순 요약하지 않고, 기자가 작가와 대화하는 과정에서 느낀 감정, 책을 읽으며 겪은 혼란, 특정 문장에 머무른 시간 등을 솔직하게 드러낸다. 예를 들어 한 인터뷰 기사에서 "이 문장을 다섯 번쯤 읽었어요. 내 얘기 같아서요."라는 표현은 정보 전달을 넘어, 브랜드가 독자를 대신해 감정을 먼저 경험하고 있다는 메시지를 준다. 이런 방식은 글의 기술이 아니라 태도의 기술이다. 브랜드가 감정에 어떻게 반응하느냐에 따라, 독자와 고객은 브랜드를 '내 편'처럼 느끼게 된다. 이 감정적 연결은 단지 책을 파는 것 이상의 관계를 만들어낸다.

초보자일수록 말과 행동의 온도를 통일해야 한다

많은 초보자들은 다양한 채널을 운영하면서 말투가 들쭉날쭉해지고, 응대 방식도 그때그때 달라지는 실수를 범한다. 이럴수록 사람들은 브랜드에 '성격이 없다'고 느끼게 되고, 그 브랜드는 기억되지 않는다. 중요한 건 '말의 온도, 글의 속도, 행동의 반응성'이 브랜드의 감정과 일치하는가다. 만약 당신의 브랜드가 '조용한 위로'를 지향한다면, 글은 날이 서 있어선 안 되고, 말은 부드러워야 하며, 행동은 조급하지 않아야 한다. 반대로 '적극적인 해결'을 추구한다면, 글은 명료하고, 말은 빠르며, 행동은 즉각적이어야 한다. 이 일관성이 누적되면 사람들은 브랜드를 '정보'가 아닌 '존재'처럼 인식하기 시작한다. 그것이 곧 차별화된 관계이고, 그 관계는 쉽게 무너지지 않는다.

차별화는 결국 말과 행동에 담긴 감정의 일관성이다

브랜딩의 정체성은 포장보다 표현에 있다. 아무리 멋진 슬로건을 붙이고, 훌륭한 디자인을 갖췄다 해도 글, 말, 행동이 그 감정과 연결되어 있지 않으면 브랜드는 공허해진다. 차별화는 눈에 띄기 위해 거칠게 튀는 것이 아니라, 사람들이 감정적으로 '이 사람은 다르다'고 느끼게 만드는 섬세한 일관성에서 만들어진다. 이제 스스로에게 물어보자. "내가 쓰는 글은 내 브랜드의 감정을 담고 있는가?", "내 말투는 고객에게 어떤 인상을 주고 있는가?", "내가 보여주는 행동은 말한 것과 일치하고 있는가?" 이 세 가지 질문에 답할 수 있다면, 당신은 이미 콘텐츠와 서비스 전반에 차별화를 녹이기 시작한 것이다. 그리고 이 일관성이 오래도록 지켜진다면, 브랜드는 설명하지 않아도 신뢰받고, 가만히 있어도 기억되는 존재가 될 수 있다.

SNS 채널별 전략 차별화

누구나 SNS를 운영한다. 브랜드도 마찬가지다. 처음에는 인스타그램 하나로 시작하지만, 점점 블로그도 열고 유튜브도 만들고, 트위터나 뉴스레터, 틱톡 같은 새로운 채널에도 관심을 갖게 된다. 하지만 이 때 대부분의 브랜드가 빠지는 함정이 있다. 모든 채널에 같은 콘텐츠를 복사해서 올리는 일이다. 처음엔 효율적이라 생각하고 시작하지만 곧 피로가 쌓이고, 채널별 반응은 제각각이 되며, 브랜드의 정체성은 흐려진다. 왜냐하면 각 SNS는 단순히 플랫폼이 아니라 '사람들이 머무는 방식이 다른 공간'이기 때문이다. SNS 채널별 전략 차별화란, 각 플랫폼의 사용 맥락을 이해하고, 브랜드의 동일한 메시지를 다르게 표현하는 기술이다. 이 전략이 없으면 브랜드는 '그저 콘텐츠만 흘려보내는 존재'가 되고 만다. 반면 채널별 전략을 구축한 브랜드는 플랫폼을 넘어 사람의 기억에 남는다.

모든 SNS는 공간이 아니라 감정의 리듬이 다르다

많은 초보자들이 인스타그램, 유튜브, 블로그를 단순히 '포맷이 다른 플랫폼'으로 이해한다. 하지만 진짜 중요한 건 사람들이 그 채널에서 어떤 기분으로 콘텐츠를 소비하는가다. 인스타그램은 '지금 이 순간'을 빠르게 훑고 싶은 공간이다. 텍스트보다 이미지, 정보보다 분위기, 읽기보다 느끼기에 초점이 맞춰져 있다. 반면 유튜브는 상대적으로 '몰입과 확장'을 추구한다. 짧아도 진득한 서사가 있고, 시청자는 감정에 동화되기를 기대한다. 블로그나 뉴스레터는 '관계 기반의 해석'을 기대한다. 누구보다 나에게 집중해주는 느낌, 글로써 곁에 머물러주는 경험을 중요시한다. 이처럼 각 SNS는 단지 콘텐츠를 담는 그릇이 아니라, 사람들의 감정이 움직이는 리듬 자체가 다르다. 그 리듬을 이해하지 못하면 콘텐츠가 아무리 좋아도 '읽히지 않는다'.

핵심 메시지는 하나, 표현 방식은 채널마다 다르게

SNS 채널별 전략 차별화는 '브랜드의 메시지를 분산시키는 작업'이 아니다. 오히려 하나의 핵심 메시지를 각 채널에 맞는 방식으로 번역하는 과정이다. 예를 들어 "우리 브랜드는 혼자 일하는 사람을 응원합니다"라는 메시지를 전하고 싶다면, 인스타그램에서는 짧은 캘리그래피 문장과 사진을 활용해 '감정의 공감'을 유도하고, 유튜브에서는 5분짜리 브이로그로 혼자 일하는 일상을 보여주며 '생활 속 서사'를 만들 수 있다. 블로그에서는 혼자 일하는 법에 대한 팁과 마음가짐을 구체적으로 설명하고, 뉴스레터에서는 구독자에게 '당신은 오늘 어떤 방식으로 일했나요?'라는 질문을 던질 수 있다. 같은 말이라도 어떤 공간에서, 어떤 방식으로 표현되느냐에 따라 완전히 다른 감정적 반응을 불러일으킨다. 이 다층적 접근이 바로 채널별 전략의 핵심이다.

'무신사'의 채널별 감각 전략

온라인 패션 플랫폼 '무신사'는 여러 SNS를 운영하지만, 각 채널에서 전달하는 감각은 다르다. 인스타그램에서는 브랜드 룩북 사진과 제품 이미지를 중심으로 '스타일 감도'를 보여주는 공간으로 활용한다. 설명은 짧고 시각적 무드는 세련되게 유지된다. 반면 유튜브에서는 스트릿 브랜드나 디자이너 인터뷰, 일상 브이로그 등을 통해 브랜드 뒤에 있는 사람들의 이야기를 확장한다. 감각보다는 서사에 집중하는 전략이다. 그리고 블로그나 자사몰 내 매거진에서는 패션 트렌드 분석, 브랜드 철학 소개, 스타일링 팁 등 보다 깊이 있는 정보형 콘텐츠를 다룬다. 이처럼 무신사는 각 채널의 맥락에 맞게 콘텐츠의 깊이와 형식을 조절하고 있으며, 그 결과 브랜드 전체의 인상은 하나의 일관된 메시지로 묶이지만 채널마다 다른 감정의 결을 만들어낸다. 초보자에게 이 전략은 매우 유효하다. 하나의 메시지를 여러 감각으로 보여주는 것, 그것이 진짜 브랜딩이기 때문이다.

초보자일수록 채널별 전략을 단순하게 시작하라

처음부터 모든 채널을 전문적으로 운영하려고 하면 부담이 크고 금세 지친다. 그래서 전략 차별화는 채널마다 하나씩 감정의 톤을 정하는 것부터 시작하면 좋다. 예를 들어 인스타그램은 '오늘 하루를 가볍게 터치하는 공간'으로 잡고, 밝고 짧은 문장을 위주로 구성한다. 블로그는 '깊은 감정과 이야기로 머무는 공간'으로 설정하고, 스스로를 설명하는 글이나 고민을 담는다. 유튜브는 '일상을 공유하는 편안한 톤'으로 브이로그 형태로 운영하며, 감정의 디테일을 시각적으로 전한다. 이렇게 플랫폼마다 '톤과 역할'을 다르게 정해두면, 콘텐츠를 기획하고 제작할 때 혼란이 줄고, 반복하면서 자연스럽게 전략이 다듬어진다. 완벽할 필요는 없다. 중요한 건 같은 이야기를 '다르게 말하는 습관'을 들이는 것이다.

채널별 전략은 '다른 말투로 같은 감정을 전하는 연습'이다

각 SNS가 요구하는 형식은 다르지만, 결국 브랜드가 전달하고자 하는 감정은 하나여야 한다. 말투는 바뀌어도 말하는 사람의 태도는 같아야 한다. 그래서 채널별 전략은 콘텐츠의 형식을 달리하는 것이 아니라, 감정을 '번역'하는 과정에 가깝다. 같은 감정을 각기 다른 언어로 풀어내는 것이고, 그 과정에서 브랜드는 점점 더 입체적인 존재로 인식된다. 마치 하나의 사람을 다양한 상황에서 만나보는 것처럼, 브랜드도 채널마다 다른 표정을 갖되 본질은 같아야 한다. 이 일관된 감정은 브랜드가 신뢰를 쌓는 바탕이 되고, 채널을 넘나드는 사용자 경험을 하나의 이야기로 묶어준다. 결국 사람들은 다양한 말투보다 변하지 않는 태도에 더 깊은 신뢰를 느낀다.

브랜드는 채널마다 다른 목소리로 말하지만, 결국 하나의 사람처럼 느껴져야 한다

채널별 전략 차별화는 같은 브랜드가 서로 다른 공간에서 다른 목소리로 말하되, 결국 하나의 사람처럼 느껴지는 감각을 만드는 일이다. 이 감각이 없으면 브랜드는 각 채널에서 다른 인물처럼 보이고, 메시지는 분산되고, 기억은 희미해진다. 브랜딩은 하나의 인격을 갖는 일이다. 그리고 그 인격은 채널마다 '표현 방식'은 달라도 핵심 감정과 중심 언어는 동일해야 한다. 이제 스스로에게 물어보자. "나는 각 채널에서 어떤 톤으로 말하고 있는가?", "내 메시지는 어디서나 같은 방향을 향하고 있는가?", "사람들이 이 채널을 방문했을 때 어떤 감정을 느끼고 떠나는가?" 이 질문에 조금씩 답을 만들어갈 때, 당신의 브랜드는 '단순히 콘텐츠를 운영하는 계정'을 넘어서 진짜 사람처럼 느껴지는 존재로 진화하게 될 것이다.

03

고객이 기억하게 만드는 언어

우리는 하루에도 수십 개, 수백 개의 브랜드를 스친다. 하지만 그중에서 기억에 남는 브랜드는 손에 꼽힌다. 그리고 유심히 살펴보면, 기억에 남는 브랜드는 단순히 좋은 상품이나 예쁜 디자인 때문이 아니라 '말을 잘하는 브랜드'라는 공통점이 있다. 고객이 기억하는 브랜드는 결국 말을 다르게 한다. 제품을 설명할 때도, 광고 문구를 쓸 때도, SNS에 글을 올릴 때도 말투가 다르고 단어가 독특하며 문장 속 감정이 분명하다. 그래서 고객은 '이 브랜드는 말투가 좋다', '이 말이 자꾸 머리에 남는다'는 감각으로 브랜드를 기억하게 된다. 브랜딩에서 언어는 단순한 커뮤니케이션 수단이 아니다. 그것은 브랜드의 기후, 온도, 목소리다. 고객이 기억하는 언어는 결국 브랜드의 존재를 감각적으로 각인시키는 방식이다. 그리고 그 언어는 잘 쓰기보다, 다르게 써야 한다.

브랜드의 언어는 상품 설명이 아니라 감정 제안이다

대부분의 브랜드는 언어를 '정확한 설명'으로 이해한다. 그래서 상품명은 기능 중심이고, 소개 문장은 명세서처럼 구성된다. 하지만 사람들은 기능을 외우지 않는다. '이 브랜드는 내 기분을 건드렸다'는 감정이 기억을 만든다. 예를 들어 어떤 브랜드가 "100% 오가닉 순면 사용"이라고 설명했다면, 그것은 정보다. 하지만 "아기 피부에 닿아도 괜찮다고 말할 수 있는 이불"이라는 문장은 감정이다. 후자는 마음에 남는다. 기억되는 언어는 이렇게 정보가 아니라 감정을 설계하는 방식으로 존재해야 한다. 브랜드가 전달하려는 메시지는 하나의 말보다 말투, 단어의 온도, 표현의 각도에서 차이를 만들어야 한다. 고객이 문장을 읽고 '이건 뭔가 다르다'는 생각이 들도록, 익숙한 표현 속에서도 낯선 감각을 주는 언어가 필요하다.

다시 쓰지 말고, 다르게 써라 – 언어의 구조가 기억을 만든다

언어에서 차별화는 문장의 길이나 단어의 어려움이 아니다. 오히려 기억되는 문장은 짧고 낯익되, 예상과 다르게 배치된 구조를 가진다. 예를 들어 "우리의 빵은 촉촉합니다"보다 "씹는 순간, 혀가 먼저 안다"는 문장이 훨씬 더 오래 남는다. 기능을 설명하지 않지만, 감각의 이미지로 바꿔 놓은 구조다. 차별화된 언어는 '다른 말'을 쓰는 것이 아니라, 같은 감정을 다르게 표현하는 힘이다. 이때 중요한 것은 브랜드가 말하고 싶은 메시지를 '문장 안에서 드러내는 방식'이다. 예측 가능한 문장은 쉽게 읽히지만 곧 잊히고, 반대로 약간의 틀기를 가진 문장은 머릿속에 '멈춤'을 만든다. 이 멈춤이 곧 기억이다.

'카카오뱅크'의 언어 전략

금융 브랜드인 카카오뱅크는 전통적으로 딱딱하고 어려운 언어를 쓰던 금융업계에서 가장 말이 부드럽고 다정한 브랜드로 자리 잡았다. 예를 들어 고객에게 인증이 필요할 때, 보통의 금융앱은 "본인 확인 절차를 완료해주세요"라는 표현을 쓴다. 하지만 카카오뱅크는 "잠깐만요, 고객님을 한 번 더 확인할게요 :)"라고 말한다. 이 문장은 정보는 같지만 느낌이 전혀 다르다. 고객은 그 말투에서 압박이 아닌 배려를 느낀다. 또한 그들은 버튼에 "확인" 대신 "알겠어요", "닫기" 대신 "이제 그만 보기" 같은 표현을 쓴다. 사소한 단어 선택 하나가 브랜드의 전체 톤을 바꾸고, 그 언어가 누적될수록 고객의 머릿속에 '카카오뱅크다운 말'이 생긴다. 이처럼 차별화된 언어는 커다란 변화가 아니라, 아주 작지만 반복되는 문장 습관에서 출발한다.

초보자일수록 말보다 단어의 감도를 먼저 정리해야 한다

처음부터 감각적인 문장을 쓰려고 하면 어려워진다. 오히려 브랜드가 자주 써야 할 단어의 감도, 말의 높낮이, 문장의 길이를 정하는 것부터 시작하면 좋다. 예를 들어 브랜드가 '다정함과 유머'를 기본 태도로 갖고 있다면, 단어도 그렇게 골라야 한다. "빠르게 처리됩니다"보다는 "쓱쓱 해결해드릴게요", "고객님"보다는 "OO님, 혹시 이런 거 찾으셨나요?"처럼 말투가 감정을 반영해야 한다. 이때 도움이 되는 방법은 '브랜드가 쓸 말'과 '절대 쓰지 않을 말'을 리스트로 만들어보는 것이다. 브랜드가 사용하지 않을 언어를 정하는 건 말의 테두리를 만드는 일이자, 브랜드의 성격을 결정짓는 중요한 기초다. 그리고 그 기준이 정해지면, 콘텐츠, 광고, 상품 포장, 이벤트 안내, 심지어 오류 메시지까지 모든 언어가 같은 톤으로 설계될 수 있게 된다. 그 일관성은 결국 브랜드를 기억되게 만든다.

언어는 브랜드의 기억을 설계하는 가장 섬세한 도구다

차별화된 브랜드는 멋진 말보다 일관된 감정과 문장의 습관으로 고객의 기억 속에 자리를 잡는다. 말이 곧 태도고, 문장이 곧 신뢰이기 때문이다. 기억에 남는 브랜드는 늘 말투가 비슷하다. 항상 말하는 방식이 같고, 단어의 결이 일정하다. 그래서 고객은 한두 문장을 마주쳤을 뿐인데도 '이건 이 브랜드 같다'고 느끼게 된다. 이제 당신도 종이에 써보자. "나는 어떤 말투를 좋아하는가?", "내 브랜드는 어떤 단어를 자주 쓸까?", "사람들이 내 글을 보고 어떤 감정을 느꼈으면 좋겠는가?" 이 질문에 답하고, 그 감정을 반복해서 언어로 풀어낼 수 있다면, 당신의 브랜드는 언젠가 말하지 않아도 기억되는 존재가 되어 있을 것이다.

04

오프라인 공간에 차별화 입히기

브랜드를 운영하다 보면 어느 순간 오프라인 공간을 생각하게 된다. 처음에는 온라인으로 시작했지만, 고객과 직접 만나는 공간이 필요하다는 감각이 자연스럽게 생긴다. 그런데 막상 공간을 준비하려고 하면 고민이 많아진다. "예쁘게 꾸미면 되는 걸까?", "감성 있는 인테리어가 차별화일까?" 하는 질문 앞에서 머뭇거리게 된다. 오프라인 공간에서의 차별화는 단순히 인테리어의 문제가 아니다. 그것은 브랜드의 감정, 철학, 세계관을 실제로 체험하게 만드는 물리적 장치다. 즉, 공간은 브랜드의 태도가 구현되는 '현장'이며, 그 안에서 고객은 눈으로만 보는 것이 아니라, 걷고, 앉고, 쉬고, 냄새 맡고, 기다리면서 브랜드의 정체성을 몸으로 느끼게 된다. 따라서 오프라인 공간의 차별화는 예쁘게 보이는 것이 아니라, 고객이 '이건 이 브랜드 같아'라고 느끼도록 구조, 흐름, 감각을 설계하는 일이다.

공간의 시작은 '느낌'에서 출발해야 한다

대부분의 사람들은 공간을 만들 때 인테리어나 동선, 가구 배치 같은 외형적인 요소부터 고민한다. 하지만 진짜 차별화는 공간에서 고객이 어떤 감정을 경험하길 원하는가에 대한 질문에서 시작되어야 한다. 예를 들어 "고객이 여유를 느꼈으면 좋겠다"는 목표를 정했다면, 조명의 밝기, 음악의 리듬, 의자의 높이, 문을 여는 소리까지 그 여유로움을 전달할 수 있어야 한다. 반대로 "강렬한 인상을 남기고 싶다"면 입구부터 색감을 강하게 하고, 동선은 빠르게 흐르게 구성할 수 있다. 이처럼 공간의 차별화는 '감정의 각본'을 먼저 쓰고, 그 각본에 따라 물리적 요소를 배열하는 것이다. 결국 공간도 콘텐츠이고, 고객은 그 안에서 정보가 아니라 정서를 소비한다.

감각의 언어로 브랜드를 말하는 구조 만들기

공간에서의 차별화는 언어보다 감각으로 기억된다. 즉, 눈에 보이지 않는 것들로 브랜드가 설명되어야 한다. 좋은 공간은 설명하지 않아도 느껴지고, 나중에도 기억나는 감정이 남는다. 예를 들어 어떤 카페는 커피 맛보다 의자가 묘하게 편했던 느낌, 화장실에 있던 문구, 계산할 때 직원의 말투, 메뉴판의 종이 질감 같은 것으로 기억된다. 그건 단순한 감동이 아니라, 감각의 일관성이 만든 브랜드 경험이다. 이 구조는 우연히 생기지 않는다. 공간에서의 '디자인 철학'을 정하고, 모든 디테일을 그 감각에 맞춰 설계할 때 만들어진다. 바닥의 재질, 문을 여는 손잡이, 조명 아래 생기는 그림자까지도 브랜드의 일부가 되는 것이다.

'아날로그 키오스크'라는 공간이 남기는 인상

서울 성수동에 위치한 독립 서점이자 문구 브랜드 '아날로그 키오스크'는 단순히 제품을 파는 곳이 아니라, 브랜드의 감정을 경험하게 만드는 공간이다. 이곳은 입구부터 별다른 간판도, 밝은 조명도 없다. 대신 오래된 나무 문과 낮게 깔린 음악, 직접 만든 종이 굿즈가 진열된 서가가 '이곳의 감도'를 말해준다. 특히 인상적인 건, 이 공간에서 제공하는 '한 문장 적기 체험'이다. 조용히 앉아 종이에 오늘의 감정을 쓰고, 그 글을 키오스크에 제출하면 나중에 편지처럼 인쇄되어 돌아온다. 이 작은 구조는 공간이 단지 머무는 곳이 아니라 '나의 감정이 반응하게 되는 장치'라는 감각을 전달한다. 아날로그 키오스크는 화려한 공간이 아니지만, 그 안에서 사람들이 말없이 자신의 기분을 정리하게 되고, '내가 이 브랜드를 좋아하는 이유는 바로 이런 분위기 때문이야'라는 생각을 하게 만든다. 이것이 바로 공간 차별화의 본질이다.

초보자일수록 공간은 꾸미지 말고 설계해야 한다

많은 브랜드가 공간을 열 때 무의식적으로 '인테리어'를 먼저 떠올린다. 하지만 인테리어는 공간을 아름답게 만들지만, 브랜드를 기억에 남게 하지는 못한다. 초보자일수록 예산과 자원이 제한되어 있기 때문에, 더더욱 '어떤 공간을 만들고 싶은가'보다 '고객이 어떤 감정을 갖고 돌아갔으면 좋겠는가'를 먼저 고민해야 한다. 그리고 그 감정에 따라 공간의 구석구석을 설계해야 한다. 단순히 예쁘게 꾸미는 것이 아니라, 고객의 감정을 유도하고 기억을 남기는 장치를 곳곳에 배치하는 것, 그것이 진짜 차별화다. 예를 들어, 입구를 지나며 들리는 첫 인사, 물건이 놓인 방식, 기다리는 시간 동안 자연스럽게 머물게 되는 동선과 작은 볼거리까지 이 모든 요소가 고객의 브랜드 경험을 완성한다. 그리고 이런 설계는 큰돈이 없어도 가능하다. 오히려 작고 조용한 공간일수록 더 섬세한 차별화가 가능하다. 중요한 건 꾸며진 감정이 아니라, 살아있는 감각을 구현하는 것이다.

공간은 브랜드의 감정을 가장 직관적으로 체험하게 만드는 무대다

공간은 말하지 않아도 메시지를 전달한다. 브랜드가 무엇을 지향하고 있는지, 어떤 방식으로 고객과 만나고 싶은지, 어떤 감정을 오래 남기고 싶은지가 공간의 공기 속에 녹아 있다. 사람들은 기억한다. 어느 날 들렀던 작은 공간에서 들은 음악, 바라본 창가, 놓여 있던 문장 하나, 그리고 그곳에서 느꼈던 말없는 위로. 이제 당신도 자신에게 물어보자. "내 브랜드의 공간은 어떤 감정의 설계 위에 있어야 할까?", "고객이 이 공간을 나설 때 무엇을 가져가길 원하는가?", "내 공간은 말하지 않아도 브랜드의 얼굴이 될 수 있는가?" 이 질문에 답할 수 있다면, 당신은 이미 공간에 차별화를 입히고 있는 것이다. 그리고 그 공간은 단지 방문하는 곳이 아니라, 다시 오고 싶어지는 '감정의 장소'로 기억될 것이다.

피드백을 활용한 '살아있는 차별화'

브랜딩을 시작할 때 많은 사람들이 '내가 하고 싶은 이야기'에 집중한다. 처음엔 분명 그게 맞다. 왜 이 브랜드를 시작했는지, 어떤 철학을 담고 싶은지, 어떤 감정과 메시지를 전달하고 싶은지가 분명해야한다. 그런데 시간이 지나고 고객이 생기기 시작하면 상황이 달라진다. 이제는 브랜드가 이야기하는 것만큼, 사람들이 무엇을 듣고 싶어하는지도 중요해진다. 이때 필요한 것이 바로 피드백이다. 피드백은단순한 의견이 아니다. 고객이 브랜드에 보내는 살아 있는 반응이며,브랜드가 현실에서 얼마나 작동하고 있는지를 알려주는 리듬이다.이 리듬을 무시하면 브랜드는 멈추고, 이 리듬을 반영하면 브랜드는진화한다. 그래서 차별화는 완성되는 게 아니라 살아가야 한다. 피드백은 그 살아있는 차별화의 핵심 도구다. 고객의 반응은 브랜드가 세운 방향이 실제로 작동하는지 확인할 수 있고, 차별화된 브랜드일수록 피드백을 수용하는 방식에도 고유한 감각이 담겨 있다.

고객은 질문보다 반응으로 말한다

많은 브랜드가 고객에게 "어떤 게 좋으셨나요?", "무엇을 개선하면 좋을까요?"라고 묻지만, 고객은 대부분 말로 대답하지 않는다. 그 대신 반응으로 말한다. 좋아요 수, 댓글의 톤, 반복 구매, 이탈률, 추천 여부가 곧 브랜드에 대한 피드백이다. 중요한 건 이 피드백을 단순한 데이터로 보지 말고, 감정의 흐름으로 읽어내는 감각이다. 어떤 콘텐츠에는 유독 반응이 적은데, 그 이유는 단순히 정보가 부족해서가 아니라 그 문장이 감정을 자극하지 못했기 때문일 수도 있다. 어떤 제품은 잘 팔리지만, 후기가 반복적으로 비슷한 단점을 지적한다면 그건 기능이 아니라 경험의 설계에 문제가 있는 것이다. 고객의 반응은 브랜드의 의도를 넘어선 진짜 경험의 결과다. 그래서 차별화된 브랜드는 자기만의 기준을 고수하면서도, 고객의 감정을 읽는 능력을 갖추고 있다.

피드백을 제품이 아니라 태도에 반영하라

초보자들은 피드백을 받으면 바로 기능을 수정하거나 디자인을 바꾸려는 경향이 있다. 물론 때로는 그것도 필요하다. 하지만 진짜 중요한 건 브랜드가 어떻게 반응하느냐다. 예를 들어 어떤 고객이 "패키지가 너무 심심해요"라는 피드백을 남겼다고 하자. 많은 브랜드는 패키지 디자인을 전면 수정하려 할 것이다. 하지만 차별화된 브랜드는 이렇게 반응한다. "당신의 말 덕분에, 이번엔 감정 하나를 더 담았습니다." 그러고는 새로운 스티커를 추가하거나, 손글씨 메시지를 넣는 식으로 '이 브랜드는 반응한다'는 인상을 남긴다. 즉, 피드백은 결과물로만 해결할 게 아니라, 그 피드백에 반응하는 방식 자체가 브랜드가 보여주는 차별화된 태도가 되어야 한다. 고객은 기능의 개선보다 감정의 수용에 더 민감하다. 그리고 그 감정이 연결되면, 브랜드는 기능보다 오래 기억된다.

'마이테이블'이 보여준 감정 중심 피드백의 힘

감성적인 테이블웨어 브랜드 '마이테이블'은 고객 피드백을 단순한 의견이 아니라 브랜드 감정을 넓히는 통로로 사용한다. 어느 날 한 고객이 인스타그램 댓글에 "이 그릇은 너무 예뻐서 평소보다 더 천천히 밥을 먹게 돼요"라는 짧은 말을 남겼다. 마이테이블은 이 말을 단순한 칭찬으로 넘기지 않고, 브랜드 메시지로 끌어올렸다. 다음 주, 마이테이블은 그 문장을 활용한 새로운 라벨 태그를 제작해 포장에 추가했다. 태그에는 '당신의 저녁이 조금 더 길어지길 바라는 마음으로'라는 문장이 담겨 있었다. 단순한 포장이었지만, 구매자들은 이 감성에 깊이 반응했고, 그 피드백은 곧바로 후기와 재구매로 이어졌다. 이 사례는 고객의 사소한 말 한마디가 브랜드 언어가 될 수 있다는 사실을 보여준다. 차별화란 큰 전략에서만 나오는 것이 아니라, 반응을 정성으로 받아들이고 그 감정을 다시 되돌려주는 작고 섬세한 태도에서 시작된다. 이런 작고 진심 어린 반응은 고객에게 "이 브랜드는 나를 듣고 있다"는 인식을 심어준다. 감정을 공유하는 브랜드는 제품을 넘어 관계를 만들어가며, 그 관계는 다른 어떤 전략보다 오래 지속된다.

초보자일수록 완성보다 피드백 루틴을 먼저 만들 것

브랜드 초반에는 '제대로 된 것 하나를 만들자'는 마음이 강하다. 그래서 완성도에 집착하고, 피드백은 나중에 반영하려고 한다. 하지만 피드백은 나중 일이 아니라, 처음부터 설계에 포함되어야 할 중요한 요소다. 초보자라면, '피드백을 받는 구조'를 먼저 만드는 것이 중요하다. 단순히 이메일을 열어두는 것이 아니라, 댓글을 모으는 루틴, 후기 중 반복되는 단어를 정리하는 노트, 고객 질문을 매주 돌아보는 시간표 같은 아주 구체적인 루틴을 갖춰야 한다. 이 루틴이 반복되면, 브랜드는 점점 더 고객과 함께 살아 있는 느낌을 준다. 혼자 만든 것이 아니라, 함께 만들어간다는 감각이 브랜드 안에 생기기 시작한다. 그 감각이 곧 충성도를 만들고, 유사한 브랜드와의 차이를 명확하게 만든다. 이 피드백 루틴은 단순한 반응 수집이 아니라, 브랜드가 지속적으로 성장할 수 있는 자양분이 된다. 작게라도 반복적으로 반영된 피드백은 고객에게 신뢰를 주고, 브랜드에는 살아 있는 생명력을 불어넣는다.

브랜드는 고정된 조형물이 아니라 반응하는 생물이다

차별화는 처음에 세우는 전략이 아니라, 고객과 만나면서 만들어지는 리듬이다. 브랜드가 반응하지 않으면 금세 낡고, 반응할 줄 아는 브랜드는 계속 살아난다. 그래서 피드백은 고치는 도구가 아니라, 다시 살아나게 하는 자극이다. 고객의 말 속에서 브랜드는 감정을 읽고, 방향을 다듬고, 자기다움을 더 단단히 구축할 수 있다. 이제 자신에게 물어보자. "나는 지금까지 어떤 피드백을 받았는가?", "그 피드백에 어떤 방식으로 반응했는가?", "내 브랜드는 반응하는 존재로 보이는가?" 이 질문에 솔직하게 답하고, 그 답을 하나씩 실천하기 시작한다면, 당신의 브랜드는 단단해지는 동시에 유연해지고, 변하지 않는 정체성과 끊임없이 진화하는 감각을 함께 갖춘 살아 있는 브랜드가 될 것이다.

6장

차별화는 어떻게 지속되는가?

모방을 이기는 유일한 방법

브랜드를 만들고 나면 처음에는 모든 게 새롭고 특별하게 느껴진다. 내가 처음 내놓은 상품, 내가 처음 기획한 문장, 내가 고심해서 만든 공간이 하나하나 차별화된 것처럼 보인다. 그리고 실제로 고객들도 그렇게 반응한다. "신선하다", "다르다", "이런 건 처음 본다"고 말해준다. 하지만 시간이 조금 지나면 분위기가 달라진다. 누군가는 비슷한 제품을 만들고, 누군가는 유사한 콘텐츠를 제작하고, 누군가는 말투까지 따라 하기 시작한다. 우리는 그때 처음으로 깨닫는다. "내가 만든 차별화는 생각보다 금방 복제된다"는 사실을. 이때부터가 진짜 시작이다. 차별화는 만드는 것이 아니라 유지하고 발전시켜야 하는 감각이기 때문이다. 그리고 그것은 경쟁자를 따돌리는 방식이 아니라, 자기만의 감도를 더 섬세하게 조율하는 방식에서 시작된다. 모방을 이기는 유일한 방법은, 계속해서 나만의 감각을 키우는 것이다.

모방은 빠르지만 감각은 쌓인다

누군가 내 브랜드를 모방했을 때 가장 먼저 흔들리는 건 기술이나 형식이 아니라 감정이다. 억울하고 불안한 감정, 무언가를 더 해야 한다는 압박은 창작자와 브랜드를 위축시킨다. 그러나 이때 진짜 중요한 건 누가 더 빠르게 복제하느냐가 아니라, 누가 더 오래 자신만의 감각을 축적하고 있느냐다. 차별화는 결국 감각의 시간이다. 외형과 시스템은 쉽게 따라 할 수 있지만, 브랜드가 오랜 시간 축적해온 말투, 감정의 흐름, 고객과 맺는 관계의 방식은 쉽게 흉내낼 수 없다. 그 이유는 그것들이 단순한 선택의 결과가 아니라 수많은 실패와 시도, 판단과 고집이 축적된 흔적이기 때문이다. 감각은 눈에 보이지 않지만 브랜드의 본질을 구성하는 가장 핵심적인 자산이며, 그것은 오직 시간 안에서만 만들어진다.

브랜드는 '감각의 조율자'가 되어야 한다

많은 사람들이 차별화를 하나의 기발한 아이디어로 생각한다. 하지만 지속되는 차별화는 기발함이 아니라 세밀함에서 온다. 같은 슬로건이라도 어떤 브랜드는 감정에 닿고, 어떤 브랜드는 형식에 머무른다. 예를 들어 "당신의 하루를 응원합니다"는 익숙하고 평범한 문장이지만, "오늘을 무사히 건너온 당신에게 고맙습니다"는 그 말안에 정서의 리듬이 담겨 있다. 그 리듬이 바로 감각이다. 브랜드는 감각의 조율자여야 한다. 콘텐츠의 톤, 포장 문구의 어휘, 고객 응대의 문장, 이미지에 담긴 배경색까지, 이 모든 요소들이 브랜드가 느끼는 감정을 어떻게 구현해내는지를 세심하게 조율해야 한다. 이 감각이 반복될 때, 브랜드는 모방할 수 없는 정서를 가지게 된다. 익숙한 구조일지라도 표현 방식은 전혀 다르게 느껴진다.

마켓컬리가 보여준 감각의 지속력

새벽배송 시장은 이제 많은 기업이 경쟁하는 레드오션이 되었지만, 마켓컬리는 여전히 고객에게 특별하게 기억되는 브랜드다. 처음 주목받은 이유는 시스템의 혁신이었지만, 시간이 흐를수록 그들이 지켜온 것은 '감각의 정돈'이다. 보랏빛 포장, 깔끔한 종이박스, 부드러운 문구의 어조, 친절한 상담 톤, 이 모든 것은 고객이 느끼는 감정의 일관성을 만들어낸다. 고객은 단순히 상품을 구매한 것이 아니라, 하나의 정서적 경험을 얻었다고 느끼게 된다. 그리고 이것이 바로 모방이 닿지 못하는 감각의 영역이다. 마켓컬리는 신선함을 넘어서, '이 브랜드는 나를 조금 더 편안하게 해준다'는 인상을 구축하며 살아 있는 차별화를 증명했다.

초보자일수록 외형보다 감각을 쌓아야 한다

차별화를 시도할 때 초보자에게 자주 생기는 착각은 '이 구조를 지켜야 한다', '이 톤을 유지해야 한다'는 강박이다. 하지만 시장은 변하고, 사람들의 기대도 달라지며, 플랫폼의 흐름도 끊임없이 바뀐다. 그래서 중요한 것은 겉모습이 아니라 그 안에 담긴 감각이다. 내가 어떤 표현을 반복하는지, 어떤 문장을 고집하는지, 어떤 장면을 자주 떠올리는지, 이런 요소들이 감각을 이루는 재료다. 그리고 이 감각이 단단해질수록 브랜드는 유연하게 변형되더라도 본질은 유지된다. 그러니 초보자일수록 '내가 좋아하는 언어', '반복하고 싶은 장면', '자주 쓰는 톤'을 수집하고 정리해보자. 그것이 브랜드의 진짜 뿌리다.

차별화는 유지되는 것이 아니라 감각 속에서 자란다

많은 사람들은 차별화를 '세운 후 지켜야 할 것'이라고 생각한다. 하지만 진짜 차별화는 전략이 아니라 감각이고, 감각은 반복 속에서 자란다. 누군가 나를 따라 하기 시작했다고 두려워할 필요는 없다. 그들이 따라할 수 있는 것은 겉모습뿐이며, 내가 반복한 감정과 언어, 판단의 기준은 따라올 수 없다. 모방은 빠르지만, 감각은 단단하다. 브랜드는 경쟁자를 의식하기보다 자기 감각을 정제하는 시간을 확보해야 한다. 내가 어떤 감정에 반응하고, 어떤 문장을 선호하며, 어떤 구조를 자주 선택하는지를 인식할 수 있다면, 이미 그 브랜드는 흔들리지 않는 자기만의 세계를 가진 셈이다. 이제는 남과 다른 것을 만들겠다는 다짐보다, 나만의 감각을 반복해서 다듬는 일이 필요하다. 그 감각이 쌓이면, 브랜드는 어느 순간부터 모방 불가능한 존재가 된다. 바로 그것이 살아 있는 차별화의 시작이다.

내가 만든 차별화가 유통되는 구조

브랜딩의 진짜 힘은 처음 보여줄 때가 아니라, 그것이 사람들에게 퍼지고 공유될 때 나타난다. 내가 만든 콘텐츠, 언어, 색감, 감정의 리듬이 단지 나 혼자만 소비하고 만족하는 선에서 멈춘다면, 그것은 전시된 감각에 불과하다. 하지만 그 감각을 다른 누군가가 기억하고, 자신의 언어로 말하고, 누군가에게 전하고, 또 새로운 방식으로 재해석하여 퍼뜨리기 시작한다면, 그것은 구조가 된다. 차별화는 단지 만들고 끝나는 것이 아니라, 누군가에게 다시 '사용될 수 있는 방식'으로 유통될 때 진짜 브랜드로 자리 잡는다. 많은 브랜드가 콘텐츠의 완성도에 집중한다. 더 감각적인 이미지, 더 완성도 높은 문장, 더 예쁜 패키지. 물론 이것도 중요하다. 하지만 그 감각이 닿는 방식까지 설계하지 않으면, 콘텐츠는 닿을 수 없는 벽 너머에 머무른다. 그렇기에 초보 브랜드일수록 다음 질문을 먼저 던져야 한다. "이 감각은 어떻게 유통될 수 있을까?", "누군가 이 콘텐츠를 공유하거나 자신의 말로 다시 말할 수 있을까?" 바로 이 질문에 대한 답이 차별화를 지속시키는 구조다.

유통되는 차별화에는 세 가지 조건이 있다

브랜드 감각이 유통되기 위해서는 세 가지가 필요하다. 첫째, 누구나 이해할 수 있는 단순한 메시지. 둘째, 자신의 언어로 다시 표현할 수 있는 여백. 셋째, 행동으로 옮길 수 있는 구체적인 구조. 이 세 가지가 함께 작동할 때, 차별화는 단지 예쁜 디자인이나 좋은 말이 아닌 하나의 문화가 되어 퍼지기 시작한다. 예를 들어, "오늘도 힘내세요"라는 말은 누구나 할 수 있지만, 지나치게 일반적이어서 기억에 남지 않는다. 반면 "오늘 하루만큼은 아무에게도 미안해하지 말아요"라는 문장은 조금 더 개인적인 감정의 결을 담고 있고, 이 문장을 접한 사람은 자신의 상황과 감정에 맞게 받아들이거나 공유하기 쉽다. 이렇게 구체적이고 감정을 자극하는 메시지가 바로 '사용될 수 있는 말'이다.

차별화는 사용될 때 확산된다

브랜드의 차별화가 진짜 힘을 발휘하는 순간은 누군가가 그것을 '사용'할 때다. 어떤 문장을 저장해두고 다시 꺼내 쓴다거나, 브랜드에서 받은 포장을 버리지 않고 간직하거나, 콘텐츠를 자신의 말로 해석해 다른 사람에게 설명하는 행동들이 모두 차별화의 유통이다. 중요한 건 브랜드가 이러한 사용을 '열어두는 태도'를 가져야 한다는 점이다. 너무 완벽하게 정제된 이미지, 해석의 여지가 없는 문장, 지나치게 고정된 의도는 오히려 고객을 관찰자로 만든다. 반면 감정의 틈이 있는 문장, 해석 가능한 문맥, 가볍게 붙일 수 있는 손글씨 같은 요소는 고객을 참여자로 만든다. 브랜드가 열어놓은 그 여백을 통해 고객은 자신의 감정으로 브랜드를 다시 말하기 시작한다.

'어나더라운드'가 보여준 유통의 감각

문구 브랜드 '어나더라운드'는 짧고 정제된 문장을 담은 카드, 포스터, 노트로 많은 사랑을 받았다. 핵심은 단지 좋은 문장을 썼다는 데 있지 않다. 그 문장을 사람들이 쉽게 자기 감정에 맞춰 사용할 수 있게 만든 구조에 있다. 예를 들어 "지금 이 감정, 너한테만 말하고 싶었어"라는 문장은 연인, 친구, 가족에게 모두 적용될 수 있고, 직접 전달하거나 SNS에 공유하기 쉬운 형태다. 포스터는 쉽게 뜯어 벽에 붙일 수 있고, 종이 질감은 연필로 덧쓸 수 있도록 설계되어 있다. 심지어 브랜드는 제품 포장에 "이 문장이 누군가에게 닿길 바랍니다" 같은 문구를 넣어 자연스럽게 확산의 흐름을 유도한다. 브랜드의 정서가 그대로 소비자의 손끝에서 다시 표현되도록 설계된 것이다. 결국 이 브랜드는 '글을 만든' 것이 아니라, '감정을 주고받는 구조'를 만든 셈이다.

퍼뜨리기보다 번역 가능하게 만들어야 한다

처음 브랜드를 시작하면 많은 사람이 '더 많이 보여줘야 한다'는 조급함에 빠진다. SNS에 자주 올리고, 광고를 돌리고, 이벤트를 열고. 하지만 그것이 곧 차별화의 확산으로 이어지진 않는다. 정말 중요한 것은 고객이 브랜드를 '자기 언어로 다시 말할 수 있게' 만드는 일이다. 다시 말해, 콘텐츠가 감정적으로 번역 가능해야 한다는 것이다. "이 말은 내가 하고 싶은 말 같아", "이 이미지, 내 친구에게 보여주고 싶어", "이 제품, 내가 전하고 싶은 분위기야"라는 감정이 만들어지는 순간, 브랜드는 자연스럽게 유통된다. 그래서 초보자일수록 콘텐츠의 확산보다 먼저, 누군가 그 콘텐츠를 언제, 어떤 상황에서, 어떤 말로 공유하게 될지를 상상해야 한다.

차별화는 감정 속에서 다시 태어날 때 진짜가 된다

차별화가 콘텐츠로 끝나는 브랜드는 많다. 하지만 누군가의 삶 속에서 다시 말해지고, 공유되고, 해석되는 브랜드는 드물다. 차별화는 소비자에게 '말할 수 있는 이유'를 줄 때 퍼지고, '공감할 수 있는 감정'을 줄 때 기억된다. 즉, 차별화는 브랜드 혼자 말하는 것이 아니라, 타인의 언어로 다시 살아나는 구조를 설계하는 일이다. 이제 스스로에게 물어보자. "나는 나의 감각을 어디까지 설계했는가?", "내 문장과 콘텐츠는 누군가의 상황 속에 다시 살아나고 있는가?", "내 브랜드는 보여지고 있는가, 아니면 누군가의 입으로 전해지고 있는가?" 이 질문에 스스로 답할 수 있다면, 당신의 브랜드는 이미 차별화의 다음 단계에 도달해 있는 것이다. 그리고 그 구조는 단단하고 유연하게, 사람 사이를 건너며 살아 있는 브랜드로 성장할 것이다.

외부 트렌드에 흔들리지 않는 정체성

브랜드를 운영하다 보면 유혹이 많아진다. "요즘엔 이런 게 잘 나간다더라", "이 스타일이 유행이래", "지금은 다 이렇게 한다는데 우리도 해볼까?" 같은 말들이 주변을 맴돌기 시작한다. 처음에는 확고한 '나만의 방식'을 가지고 출발했지만, 시간이 지나면 점점 흔들리는 순간이 찾아온다. 그리고 어느 순간, 내 브랜드가 '어디서 본 듯한 브랜드'가 되어가고 있다는 사실을 깨닫는다. 이는 브랜드가 가장 경계해야 할 순간이다. 아무리 잘 만든 콘텐츠와 감각적인 제품이라도, 소비자가 '또 비슷하네'라고 느끼는 순간 차별화는 힘을 잃는다. 그래서 중요한 건 감각의 독창성뿐 아니라, 유행에 휩쓸리지 않고 자기 방향을 지키는 힘이다.

트렌드는 빠르지만, 정체성은 느리게 자란다

트렌드는 강력하다. 사람들의 말투, 색감, 이미지 톤을 순식간에 바꿔버린다. 어떤 유행은 브랜드의 생존을 위협할 정도로 영향력을 발휘하기도 한다. 따라서 트렌드를 무시할 수는 없다. 하지만 유행을 수용하면서도 자신만의 언어를 유지하는 내면의 기준이 더 중요하다. 정체성은 단순한 슬로건이나 로고, 표면적인 디자인에 머무르지 않는다. 어떤 감정을 중시하고, 어떤 태도를 반복하며, 무엇을 하지 않겠다는 기준을 꾸준히 지켜나가는 것, 그 축적이 진짜 정체성이다. 이 기준은 눈에 잘 보이지 않지만, 고객은 본능적으로 그 결을 느낀다. 결국 트렌드는 빠르게 바뀌고 사라지지만, 정체성은 천천히 자라나며 흔들리지 않는다. 그리고 오래 살아남는 브랜드는 대부분 이 느린 축적의 결과다.

정체성은 '하지 않는 선택'에서 드러난다

브랜드는 무언가를 '한다'는 이야기보다, 무엇을 '하지 않는다'는 기준에서 정체성이 드러난다. 예를 들어 갑작스럽게 영상 콘텐츠가 유행한다고 해서, 이미지나 글로 소통하던 브랜드가 어설프게 영상 트렌드를 따라가면 오히려 기존의 인상마저 무너질 수 있다. 고객은 브랜드의 일관성에서 안정감을 느끼고 신뢰를 쌓는다. 기회가 많아질수록 유혹도 커지지만, 자신의 언어와 맞지 않는 길을 걷지 않는 판단력, 즉 내려놓을 수 있는 용기가 필요하다. 이 결정이 반복될수록 브랜드의 중심은 더욱 단단해지고, 어떤 유행 속에서도 흔들리지 않게 된다.

'포지티브호텔'이 지켜낸 브랜드 결

'포지티브호텔'은 숙박업계에서 독특한 존재감을 가진 브랜드다. 단순한 객실 판매가 아닌, '일상을 잠시 멈추는 경험'을 제공하겠다는 명확한 세계관을 가지고 있다. 많은 호텔이 화려한 이미지와 유머를 강조한 마케팅으로 고객을 유혹할 때, 포지티브호텔은 흑백 중심의 웹사이트, 짧고 조용한 문장, 마치 일기처럼 느슨한 톤을 꾸준히 유지했다. 유행을 무시하지는 않았지만, 자신들의 중심 언어를 바꾸지는 않았다. 그 결과 브랜드는 '감정을 꺼내는 조용한 목소리'로 소비자에게 각인됐고, 감각적인 이미지 대신 '태도와 감정의 결'로 기억되는 브랜드가 되었다. 이 일관성은 브랜드가 오래도록 사랑받을 수 있는 이유가 된다.

초보자일수록 자주 묻고, 천천히 바꿔야 한다

처음 브랜드를 시작하면 빠르게 변화하는 환경 속에서 '뭔가 바꿔야 하지 않을까'라는 불안에 시달리기 쉽다. 색을 바꾸고, 말투를 바꾸고, 콘텐츠 포맷도 시도해보지만, 시간이 지나면 정체성이 사라진 브랜드는 아무도 기억하지 못한다. 초보자일수록 더 자주 자신에게 질문해야 한다. "우리는 왜 이 방식을 택했을까?", "이 결정은 처음 의도와 맞는가?", "지금 바꾸려는 이유는 외부 때문인가, 내 판단인가?" 이 질문들을 통해 속도를 늦추고, 브랜드의 방향을 점검할 수 있다. 빠르게 바꾸는 것보다, 조심스럽게 다듬는 일이 초보자에게는 더 중요하다.

유행은 반영할 수 있어도,
정체성은 돌아올 자리를 만들어야 한다

세상은 계속 바뀐다. 유행은 빠르게 지나가고, 플랫폼도 진화한다. 브랜드가 변화하는 시대를 외면해서는 안 되지만, 그 안에서 자신만의 출발점, 태도, 방향은 지켜야 한다. 정체성은 "나는 왜 이 일을 하고 있는가?", "내가 진짜로 전하고 싶은 감정은 무엇인가?", "이 브랜드는 어디에서 시작되었는가?"라는 질문에 대해 계속해서 대답하려는 태도다. 어떤 유행도 따라갈 수 있지만, 브랜드는 결국 돌아올 자리를 만들어야 한다. 그 자리가 정체성이고, 그 위에 브랜드의 지속 가능성이 세워진다. 이제 자신에게 물어보자. "나는 트렌드를 반영하되 중심을 지키고 있는가?", "최근 바꾼 콘텐츠 중 진짜 내 감정이 담긴 것은 무엇인가?", "다른 브랜드가 내 말투를 흉내 낼 수는 있어도, 이 감정까지 복제할 수 있을까?" 이 질문에 흔들림 없이 답할 수 있다면, 당신의 브랜드는 유행 속에서도 중심을 잃지 않고, 오래도록 기억될 것이다.

나의 변화와 시장의 흐름 연결하기

브랜드를 오래 운영하다 보면, 내 생각도 바뀌고 감정도 변하고 하고 싶은 이야기의 결도 달라진다. 처음엔 단단하게 다졌던 말투나 이미지도 어느 순간 조금 불편하게 느껴질 수 있고, 초반에는 잘 어울렸던 제품 콘셉트가 이제는 덜 설레게 느껴지기도 한다. 반면 시장은 점점 더 빠르게 움직인다. 고객의 관심은 날마다 바뀌고, 플랫폼의 기능은 매번 달라지고, 경쟁자들은 더 세련된 방식으로 등장한다. 이런 순간엔 이런 생각이 든다. "나는 아직도 이 톤으로 말해도 되는 걸까?", "지금 나의 감각과 시장의 흐름이 너무 멀어진 건 아닐까?" 이런 고민은 자연스럽고 건강하다. 오히려 문제는 이 질문을 억누르거나 무시할 때 생긴다. 브랜드는 멈추면 낡고, 너무 빨리 달리면 흔들린다. 그래서 중요한 건 나의 내면 변화와 외부 시장의 흐름을 부딪히거나 무시하지 않고 '자연스럽게 연결하는 힘'이다. 이 연결감이 바로 지속 가능한 차별화의 핵심이 된다.

변화는 나쁜 것이 아니라, 더 깊어진 나의 감각이다

처음에는 뭔가 단순했다. "이런 글이 좋아", "이런 포장이 나를 닮았어", "이 색감이 편해" 같은 감정들로 시작했다. 그런데 시간이 지날수록 나 자신도, 고객도, 브랜드도 조금씩 달라진다. 그리고 그 변화는 당연하다. 중요한 건, 그 변화를 '방향 전환'으로만 보지 않는 것이다. 변화는 회피가 아니라 확장이고, 무너짐이 아니라 재정렬이다. 오히려 브랜드는 그 변화 속에서 감각을 더 명확히 하게 된다. 내가 점점 어떤 말투에 민감해지고, 어떤 색감에 지루함을 느끼고, 어떤 콘텐츠에서 거리감을 느끼는가. 이 감정은 단지 취향의 변화가 아니라, 내가 브랜드와 함께 자라나고 있다는 신호다. 따라서 중요한 건 변화하지 않는 게 아니라, 변화를 알아채고 그것을 정직하게 받아들이는 용기다.

시장의 흐름은 적이 아니라, 내 감각의 좌표다

시장은 늘 바쁘다. 짧은 영상이 유행하면 글이 밀리고, 새로운 기능이 생기면 이전의 방식은 촌스럽게 여겨진다. 하지만 이 흐름에 휘둘릴 필요는 없다. 대신 해야 할 일은 시장의 움직임을 '좌표'로 삼는 것이다. 예를 들어 최근 소비자들이 '에코 감성'에 반응하고 있다면, 단지 친환경 소재를 쓴다는 문구를 붙이기보다, 브랜드 안에 있는 '조용하고 절제된 태도'와 연결시킬 수 있는 지점을 찾는 게 필요하다. 즉, 시장의 흐름은 따라가는 것이 아니라, 내가 하고 싶은 이야기와 맞닿을 수 있는 지점을 찾기 위한 참고선이다. 그 흐름을 읽으면서도 내 속도와 언어를 유지한다면, 고객은 오히려 그 브랜드의 깊이를 신뢰하게 된다.

'어니스트티'가 보여준 변화와 정체성의 연결 방식

'어니스트티(Honest Tea)'는 "정직한 재료, 정직한 제조 방식"이라는 슬로건을 내세우며, 당이 적고 성분이 간결한 유기농 차 음료로 출발했다. 초기에는 유리병에 담긴 건강 음료로 소수의 마니아층을 확보했지만, 점차 더 넓은 시장을 고려해야 할 시점이 왔다. 코카콜라의 투자가 결정되었을 때, 많은 이들은 브랜드가 대기업의 시스템에 흡수되어 본질을 잃을 것이라고 우려했다. 그러나 어니스트티는 유통 채널을 확대하고 제품군을 다변화하면서도, 제품 라벨에 철학적 스토리를 담는 방식으로 브랜드의 감정적 톤을 유지했다. 탄산수, 키즈 음료 등 새로운 카테고리로 나아가면서도 핵심 가치를 반복해 전달한 결과, 고객은 브랜드의 변화 속에서도 '정직함'이라는 태도를 일관되게 인식할 수 있었다. 이 사례는 정체성을 지키면서도 시장 흐름에 맞춰 유연하게 진화한 방식의 좋은 예로 남는다.

초보자일수록 혼란을 억누르지 말고, 기록하고 정리하라

처음 브랜드를 시작했을 때는 확신이 있었다. 그런데 점점 혼란스러워지는 이유는, 내가 변하고 있기 때문이다. 이때 많은 사람들은 '원래 하던 대로 해야지', 혹은 '요즘 트렌드에 맞춰서 바꿔야지'라는 양자택일의 고민에 빠진다. 하지만 이 두 가지는 동시에 가능하다. 지금의 나를 잘 들여다보면, 내가 왜 처음엔 그 말을 했고, 왜 이제는 다른 결을 원하는지를 알 수 있다. 그리고 그 흐름을 텍스트로, 기획으로, 상품의 디테일로 다시 연결하는 것이 진짜 차별화의 지속이다. 초보자일수록 자신의 변화에 대해 솔직하게 기록하는 습관이 필요하다. "요즘은 어떤 말이 불편한가?", "이전에 좋아했던 디자인이 지금은 왜 낯설게 느껴지는가?", "내가 좋아하는 브랜드는 어떻게 바뀌고 있나?" 이 질문은 혼란을 없애는 게 아니라, 혼란을 나만의 방향으로 정리해주는 역할을 한다.

차별화는 정체성의 고정이 아니라, 감각의 유연함으로 완성된다

우리는 종종 차별화를 '흔들리지 않는 태도'라고 생각하지만, 실제로는 자신의 감각 변화에 솔직하고, 그것을 시장과 연결해내는 유연함에서 지속 가능성이 생긴다. 브랜드는 멈춰 있을 수 없다. 창작자도 바뀌고, 고객도 바뀌고, 세상도 바뀐다. 그러니 차별화는 처음 정한 포지션을 고집하는 것이 아니라, 그 안에 담긴 철학을 시대와 감정 속에서 다시 말하는 감각이다. 이제 자신에게 물어보자. "나는 지금 나의 감각 변화를 받아들이고 있는가?", "시장 흐름에 휩쓸리지 않으면서도 내 브랜드를 업데이트할 수 있는가?", "지금 나의 말이, 그때의 나와 연결되면서도 새로워지고 있는가?" 이 질문에 정직하게 답하고, 그 답을 작은 디테일에 담아낼 수 있다면, 당신의 브랜드는 단지 오래된 것이 아니라, 지속적으로 살아 있는 차별화로 자리 잡게 될 것이다.

브랜드는 살아있는 유기체다

브랜드를 처음 만들 때 많은 사람들은 완성된 구조부터 상상한다. 말투, 색상, 디자인을 미리 정해두고 그것을 지키는 데 집중한다. 일관성이 신뢰를 만든다고 믿기 때문이다. 하지만 시간이 지나면 알게 된다. 브랜드는 고정된 조형물이 아니라, 감정과 경험을 통해 자라나는 유기체라는 것을. 고객의 피드백, 창작자의 감정, 사회적 흐름이 어조와 콘텐츠를 바꾸고, 그 속에서 브랜드는 조금씩 성장한다. 살아 있는 브랜드는 유연하지만 중심을 잃지 않는다. 변화 속에서도 감정의 결을 유지하는 것이 중요하다.

브랜드는 감정의 누적으로 완성된다

우리는 브랜드를 만들며 로고, 컬러, 톤앤매너 같은 시각 요소에 공을 들인다. 하지만 브랜드의 진짜 정체성은 콘텐츠, 메시지, 응답의 방식처럼 일상적인 감정 표현 속에서 형성된다. 이런 감정의 누적이 브랜드를 하나의 인격처럼 느껴지게 만든다. 처음엔 조심스럽던 브랜드가 점점 말이 많아지고, 농담을 건네거나, 때로는 조용히 침묵하기도 한다. 이런 변화는 혼란이 아니라 '살아 있다'는 증거다.

일관성과 탄력성의 균형

브랜드도 사람처럼 다양한 상황에 반응할 수 있어야 한다. 다만 그 반응이 무작위여선 안 된다. 핵심은 일관성과 탄력성의 균형이다. 갑작스러운 이슈에 평소와 다른 어조로 대응하면 고객은 낯섦을 느낀다. 반대로 일관된 감정으로 상황에 반응하면, 오히려 신뢰를 얻는다. 살아 있는 브랜드는 외부 변화에 유연하게 반응하면서도 감정의 축은 흔들리지 않는다.

배달의민족이 보여준 감정의 조율

배달의민족은 브랜드의 정서를 일관되게 유지하면서도 변화에 유연하게 대응한 사례다. '배민다움' 프로젝트를 통해 소설가 박서련을 내부 작가로 초대하고, 브랜드의 문화를 에세이 형식으로 풀어냈다. 이 시도는 배달 플랫폼이라는 기능적 틀을 넘어, 브랜드를 하나의 감정이 있는 존재로 인식하게 만들었다. 또한 '요즘 사는 맛' 뉴스레터에서는 다양한 창작자들이 참여해 브랜드와 일상에 대한 이야기를 나누며 감정의 결을 확장했다. 콘텐츠는 다채로웠지만 배민 특유의 말투와 시선은 흐트러지지 않았고, 이런 방식의 감정 조율은 브랜드가 변화 속에서도 중심을 잃지 않게 하는 힘이 되었다.

초보자일수록 감정의 뼈대를 먼저 만들어야 한다

초보 브랜드는 전략보다 감정을 먼저 정의해야 한다. 말투 가이드나 디자인 룰보다 앞서 고민해야 할 질문은 "이 브랜드는 어떤 감정을 줄 것인가?"다. 브랜드는 결국 감정으로 기억된다. 따뜻함, 차분함, 유쾌함, 이런 인상은 단순한 컬러나 폰트가 아니라, 말의 리듬과 태도 같은 작은 요소들의 반복에서 만들어진다. 자신에게 가장 자연스러운 감정 하나를 찾는 것이 차별화의 시작이다. 어떤 플랫폼에서도 흔들리지 않고 유지될 감정의 중심이 필요하다.

브랜드는 돌봄이 필요한 생명체다

브랜드는 구조물이 아니다. 실수하고, 멈추고, 흔들리기도 하는 생명체. 설계자가 아니라 돌보는 사람처럼 운영자는 감정을 살피고 조율해야 한다. 고객은 제품보다 태도에 반응하고, 그 태도는 꾸며서 만들어지는 것이 아니라 내면의 감정에서 비롯된다. 그래서 스스로에게 물어야 한다.

"나는 브랜드를 돌보고 있는가?",

"말하지 않아도 브랜드는 감정을 전하고 있는가?",

"내가 멈춰 있어도, 이 브랜드는 살아 있는가?"

이 질문에 귀를 기울일 수 있다면, 완벽하지 않아도 괜찮다. 감정이 살아 있다면 브랜드는 성장하고, 연결되고, 기억된다.

살아 있는 브랜드는, 가장 오래 기억되는 브랜드가 된다.

일 잘하는 사람들의 비밀 노트 06

처음부터 배우는 차별화 법칙

초판 1쇄 발행 2025년 6월 30일

지은이 백미르
펴낸이 백광석
펴낸곳 다온길

출판등록 2018년 10월 23일 제2018-000064호
전자우편 baik73@gmail.com

ISBN 979-11-6508-650-3 (13320)